수업이 바뀌면 교육이 바뀐다

미래 교육의
비전과 전략

| 김태완 저 |

future
education

학지사

머리말

이 책은 우리나라의 교사와 교육 관계자 그리고 학부모님께 드리고 싶은 미래교육 이야기를 담고 있다. 특히 50만 교사들께 이 책을 드리고 싶은 이유는 우수한 분들이 뜻을 가지고 교직에 들어와서 열심히 노력하고 있기 때문이다. 하지만 교직에 들어오고 몇 년이 지나지 않아 교사들은 크게 실망하게 된다. 열심히 노력하는 교사들이 교사로서의 자긍심에 상처를 받고 행복하지 못한 교직 생활을 하고 있는 현실이 너무나 안타깝다. 교사의 불행은 학생과 학부모, 나아가 국가의 불행으로 연결된다. 국가 전체를 불행하게 하는 이 상황을 타개하는 방법은 교사가 행복해지는 것이다. 교사는 학생에게 좋은 수업을 하고, 성장하는 학생을 볼 때 가장 행복하다.

현재와 같이 시험을 위해 존재하는 것 같은 우리 교육은 바뀌어야 한다. 이런 교육으로는 더 나은 미래를 기대할 수 없기 때문이다. 교육을 바꾸기 위해서는 제일 먼저 수업을 바꾸어야 한다. 수업은 학교교육의 알파요, 오메가이다. 하지만 수업을 바꾸기란 어렵다. 대부분의 교사는 '매일 학생들과 전쟁을 치른다.'라고 생각할 정도로 어렵고 힘든 시간을 보낸다. 따라서 수업을 바꾸기 위해 교사 스스로 자신을 힘들게 하는 잡다한 일들을 모두 최소화해야 한다. 교사의 모든 정신과 노력이 오로지 학생의 더 좋은 학습을 위해 수업에 집중될 때 비로소 성과가 나타날 것이다. 마치 여러 갈래로 들어오는 햇볕을 한 곳에 집중시키는 '돋보기'가 불을 피울 수 있는 것과 같이 교사는 모든 능력을 오로지 수업에 집중해야 한다.

그러므로 정부와 교육청은 새로운 정책을 만들어 하향식으로 실행하려는 불필요한 일을 하지 않아야 한다. 오히려 교사가 소신껏 수업에 집중할 수 있도록 해 주어야 한다. 필자는 우리나라의 교사들이 국가의 명운이 결정되는 위기에 목숨을 걸고 일어나는 의병의 마음가짐으로 결연히 일어나 수업을 바꾸어 나가기 바란다. 수업이 바뀌어 학생들이 진정으로 성장하게 되면 교사의 기쁨은 그 무엇과도 바꿀 수 없는 큰 행복이 될 것이다. 부디 행복한 교사가 되는 길을 선택하기 바란다.

이 책을 쓰는 과정에서 여러 가지로 도움을 주신 한국미래교육연구원의 관계자 여러분께 감사드린다. 연구원은 우리 교육이 나아가야 할 북극성과 같은 장기적인 목표와 그 길을 잘 보여 주기 위해 다양한 연구를 진행 중에 있다. 또한 학습혁명포럼 회원들께 감사드린다. 이 분들은 그동안 수년에 걸쳐 매달 교육 전문가를 초청하여 이야기를 듣고 활발한 토론을 통해 다양한 의견을 정리할 수 있도록 많은 도움을 주셨다.

인성 개발과 사회정서학습의 중요성을 시종일관 강조하며 다양한 조언을 주신 내자(內子) 정현회 교수님께 감사드린다. 그리고 제자이면서 현직 교사인 권선회 선생님의 조언에 감사드린다. 마지막으로 이 책의 발간을 흔쾌히 허락하신 학지사의 김진환 사장님과 부족한 원고를 잘 편집해 주신 안정민 선생님께 진심으로 감사드린다.

2018년 1월

김태완

차례

프롤로그

우리 교육은 바뀌어야 한다. 현재 이루어지고 있는 교육은 시험을 위한 공부에 불과하며, 21세기를 살아가야 할 미래 인재를 기를 수 없다. 지금과 같이 4지 또는 5지 선다형 식으로 고르는 시험은 무엇을 아는가에 도움이 될 뿐이다. 왜 그런지, 어떻게 해서 그런지에 대한 지식을 주지 못한다. 왜 그런지도 모른 채 그냥 알 뿐이다. 그런 지식은 모래알과 같다. '구슬이 서 말이라도 꿰어야 보배'라는 속담이 있듯이 하나하나의 지식이 잘 연결되도록 해야 비로소 쓸모가 있게 된다.

여러 개의 지식이 서로 연결되도록 하기 위해서는 생각을 해야 한다. 그러므로 학생이 생각하도록 하지 않는 교육은 쓸모가 없는 교육이다. 싱가포르 정부는 지금부터 20년 전인 1997년에 '생각하는 학교, 배우는 국가Thinking Schools, Learning Nation'라는 교육 비전을 제시했다. 실로 담대한 비전이 아닐 수 없다. 학생의 사고력과 창의력 함양에 집중하는 교육을 지향하고 있다. 아울러 학교, 지역사회, 국가를 모두 포함하는 학습공동체를 구축하려고 노력하고 있다.

사실 우리나라도 1995년 5 · 31 교육 개혁안을 발표할 당시 '누구나, 언제, 어디서나 학습할 수 있는 교육낙원Edutopia: Lifelong Learning for Whoever, Whenever and Wherever'을 비전으로 내세웠다. 비교적 신선하고 시의적절한 평생학습 실현을 목표로 한 비전이었다. 덕분에 우리는 누구나, 언제, 어디서나 학습할 수 있게 되었지만, 이 개혁안은 어떤 학습을 지향하는지 학습의 내용에 대한 방향을 제시하지는 못했다. 싱가포르는 학습의 내용을 중시하여 생각하는 인재를 지향하고 있다.

인공지능이 일자리를 감소시키는 4차 산업혁명 시대는 학습의 내용과 질이 중요하다. 미래교육은 우리 청소년의 지적 능력과 함께 사회정서적 능력을 길러 주어야 한다. 그동안 시험을 위해 많이 아는 것을 중시한 표층학습surface learning으로부터 벗어나 많이 알고, 균형 있게 바로 알고, 깊이 이해하고, 새로운 산출물을 생산할 수 있는 심층학습deep learning을 하도록 해야 한다. 심층학습은 미래사회에 필요한 핵심역량을 길러 주므로 전통적인 지적 능력은 물론 미래교육이 지향하고 있는 사회정서적 능력을 길러 준다.

미래사회는 우리가 예상할 수 있는 수준을 넘어서는 정도로 큰 변화가 올 것으로 생각된다. 우리는 예측할 수 없는 미래사회에 대한 불안과 두려움을 가지고 있다. 다른 한편으로는 공상과학 영화를 통해 마음속으로 그리던 모습들이 실현되는 무한한 가능성을 가진 미래사회에 대해 가슴 설레기도 한다. 미래는 우리의 뜻과 관계없이 주어질 수도 있고, 또는 우리가 만들어 갈 수도 있다. 미래가 불안한 이유는 미래가 우리의 뜻과 관계없이 주어질까 봐 두려운 것이다. 만약 우리가 미래를 만들어 간다면 미래를 두려워할 이유가 없다. 필자는 우리가 미래를 만들어 가야 하며, 우리의 다음 세대에게 미래사회를 만들어 갈 능력을 길러 주어야 한다고 생각한다. 그런 능력을 기르지 못한 청소년은 창업은 물론 취업을 하지 못하고 힘든 인생을 살아가야 하기 때문이다.

이 책에서 필자는 미래를 만들어 가기 위해 미래를 알 수 있도록 소개하고, 교육을 통해 미래를 어떻게 만들어 갈 것인가를 이야기하려고 한다. 예상하기 어려운 미래사회를 대비하기 위해 미래교육의 비전과 전략을 이야기한다. 이야기의 핵심은 사회정서학습을 통해 바른 마음을 길러 주고 다른 사람과 협력해서 일할 수 있는 능력을 길러 줌으로써 행복하고 충만한 삶을 살아갈 수 있도록 해 주는 교육을 해야 한다는 것이다. 동시에, 기존의 강의식 수업을 심층학습이 가능한 수업 방식으로 바꾸어 미래의 인재에게 요구되는 고차원의 사고 능력, 감성 능력 그리고 실천 능력 등을 두루 갖추게 해 주어야 한다. 좋은 인성과 능력을 가지고 성장하는 미래세대의 모습을 보면 교사와 학부모 모두 행복해진다.

제1장에서는 우리 사회가 당면하고 있는 주요 문제들을 해결할 수 있는 방향으로 교육을 하기 위해 주요 문제들을 살펴보고 있다. 첫째, 다양한 문화의 부재로부터 오는 획일적인 가치관을 들고 있다. 둘째, 다양한 배경을 가진 사람들이 더불어 살아가야 하는 시대에 불가피하게 발생하는 여러 가지 갈등을 풀 수 있는 문제해결 능력의 부족을 이야기한다. 셋째, 발전하고 있는 테크놀로지를 교육에 활용하지 못하고 있는 문제를 이야기하고 있다. 넷째, 저출산과 사회 양극화 문제를 이야기하며 해결책으로 영유아 보육과 교육을 위해 조기 투자할 것을 제안하고 있다.

제2장에서는 미래사회의 변화에 대한 전망을 하며 교육의 방향을 논하고 있다. 구체적으로는 불안정하고 불확실하며 복잡하고 애매모호한 부카월드 시대가 도래하고, 인공지능의 발달에 따라 일자리가 감소하는 4차 산업혁명 시대를 전망하고 있다. 또한 세계의 모든 부분이 서로 연결되는 거대한 하나의 기계와 같이 되며, 공유경제 체제가 자리 잡으면서 돈보다 신용이 중요한 시대가 올 것으로 예상하고 있다. 이러한 과학기술의 발달이 교육환경의 변화를 가져오므로 미래교육은, 첫째, 바른 마음을 길러 주어야 하며, 둘째, 인공지능 활용 능력을 길러 주어야 하고, 셋째, 심층학습을 하도록 해야 하고, 넷째, 창업지향적인 교육을 하고, 마지막으로, STEAM과 같은 융합교육을 해야 함을 이야기하고 있다.

제3장에서는 미래사회를 위한 교육 구상과 설계를 제안하고 있다. 인간이 가지고 있는 5대 능력에 대해 이야기하며, 이어서 전통적으로 해 오던 입신양명을 위한 교육을 넘어설 때가 되었음을 이야기하고, 미래인재의 모습을 그린다. 그리고 마지막 절에서는 전통적으로 해 오던 지식교육을 넘어서 시대가 요구하는 더불어 사는 능력을 길러 주는 미래교육을 설계하기 위한 일곱 가지 기본 틀을 이야기한다. 첫째, 교육은 인간을 자유롭고 행복하게 하는 행위이며, 둘째, 지적 탐구의 정상화 추구, 셋째, 바른 인성 함양을 위한 역량교육 강화, 넷째, 기초교육과 실용교육 간의 균형 유지, 다섯째, 한국교육의 특수성 고려, 여섯째, 교육과정의 적정화와 수업 방식의 변화, 일곱째, 평가 방식의 변화 등을 든다.

제4장에서는 먼저, 미래학교 교육체계를 예시를 들어 이야기한

다. 미래교육의 비전으로는 '모든 아동이 건강한 사회에서 자유롭고 행복한 삶을 산다'를 설정하였다. 교육이념으로는 전통적으로 내려오는 '홍익인간 정신의 실현'을 들었고, 교육목표로는 '미래 세대의 바른 마음 함양과 창조적인 사고 능력 개발'을 들었으며, 주요 가치로는 '신뢰, 공감, 헌신과 도전' 등을 들었다. 핵심 전략은 '심층 학습이 가능한 미래학교를 만든다'로 하였다. 그리고 이에 따른 6개의 전략과 각 전략의 실행을 위해 2개씩의 과제를 제시한다. 다음으로 미래교육에서 가장 중요하게 고려해야 할 바른 마음을 길러 주는 등 인성교육을 위해 그동안 소홀히 해 온 사회정서학습을 강화할 것을 이야기하고 있다. 이어서 강의식 수업이 바뀌어야 함과 심층학습을 위한 다섯 가지 수업 전략을 소개하고 있다. 전략 1은 학생이 학습의 주체가 되는 것이며, 전략 2는 온라인상의 다양한 학습콘텐츠를 활용하는 것이다. 전략 3은 주요 개념과 핵심 지식을 깊이 이해하는 것이며, 전략 4는 새로운 산출물을 생산하는 것이다. 전략 5는 교사가 성장형 마인드세트로 무장하는 것이며, 궁극적으로 학생들에게 '할 수 있다'는 정신 'Can do' Spirit을 길러 주도록 해야 한다.

제5장에서는 미래교육을 위해 정부가 실시해야 할 정책들을 제시하고 있다. 이들은 첫째, 교육기관의 자율과 개방을 위한 정책으로서 세 가지 정책을 제안하고 있다. 즉, 대학의 경쟁력 강화 정책과 사립학교의 자율 경영 정책, 국제사회와의 소통 증진을 위해 9월 신학기제를 도입하는 정책 등이다. 둘째, 테크놀로지 활용 정책으로서 인공지능을 활용하기 위해 코딩교육을 강화하는 정책과 학교의

테크놀로지 환경을 개선하는 정책 등을 제안하고 있다. 셋째, 교사의 전문성 강화를 위해 교육전문대학원을 설치하는 정책을 추천하고 있다. 넷째, 영유아 보육과 교육을 강화하기 위해 바우처 제도를 도입할 것을 제안하고 있다. 마지막으로, 통일 후의 남북한 교육통합 과정을 준비하는 정책 등을 건의하고 있다.

가능한 한 읽기 쉽게 쓰려고 했지만, 주제에 따라 내용이 약간 딱딱할 수도 있다. 인내심을 가지고 필자와 소통하는 마음으로 읽다 보면 미래사회에 대비하여 사랑하는 학생을 어떻게 가르치는 것이 좋은지에 대해 나름대로 생각이 정리될 것으로 믿는다. 부디 이 책이 미래교육을 준비하는 작은 디딤돌이 되고, 나아가 학생과 교사, 학부모의 행복을 지피는 하나의 불씨가 되기를 소망한다.

제1장
우리 사회의 주요 당면 과제

1. 다양한 문화의 부재로 인한 획일적인 가치관
2. 문제해결 능력의 부족
3. 테크놀로지 활용 능력의 부족
4. 저출산과 사회 양극화 문제

우리 사회의 주요 당면 과제들을 살펴보는 이유는 향후 우리 교육이 어떤 방향으로 나아가야 하는가에 대한 생각을 정리하기 위해서이다. 우리 사회가 당면하고 있는 주요한 문제들은 관점에 따라 다양하게 생각해 볼 수 있지만, 대체로 다음 네 가지로 정리해 볼 수 있다.

먼저, 다양한 문화의 부재와 획일적인 가치관을 들 수 있다. 이것은 나무의 뿌리가 사방팔방으로 넓고 깊게 내리지 못하고 한 줄기로 내려 있으면 얼마나 불안정할까를 생각해 보면 알 수 있다. 그동안 하나의 생각이 지배하는 독재적인 시스템이 오래 가지 못하고 소멸해 왔으며, 역사는 이를 항상 경계하도록 요청하고 있음을 기억해야 한다.

둘째, 문제해결 능력의 부족이다. 다양한 생각을 가진 여러 사람이 더불어 살고 있는 사회에서는 항상 많은 문제가 일어나기 마련이다. 문제가 일어날 때마다 엄청난 대가를 치르고 해결된다면 모든 사람이 얼마나 힘든가? 문제해결 능력의 부족은 획일적인 가치관과 관계가 깊다. 현재 국회라고 하는 문제해결 기관이 제대로 작동하지 않고 있는 것이 문제라고 할 수 있다. 또한 공정하게 문제를 분석하고 해결 방향을 제시해야 할 주요 언론이 기능을 제대로 수행하지 못하고 있기 때문이다.

셋째, 테크놀로지 활용 능력의 부족이다. 우리가 살고 있는 이 시대는 다양한 테크놀로지를 활용하여 살게 되어 있다. 지금은 소를 이용해서 경작하는 시대가 아니라 트랙터를 이용하는 시대이다. 이 테크놀로지를 잘 활용하지 못한다면 이 또한 얼마나 비효율적인가?

넷째, 우리 사회가 현재 당면하고 있는 가장 어려운 문제인 저출산과 사회 양극화의 문제이다. 지구상의 모든 나라가 같은 문제를 겪고 있으며, 이를 잘 해결하는 국가만이 안정된 선진 사회를 만들어 갈 수 있다.

1. 다양한 문화의 부재로 인한 획일적인 가치관

우리 사회는 경제적인 면에서 선진 사회에 접어들고 있으며, 생활의 기본이라고 할 수 있는 의식주는 이미 선진국과 차이가 없는 수준이다. 그러나 개인의 생각이나 의식 면에서도 과연 선진 사회에 근접하고 있는지는 의문이다. 왜냐하면 개인의 생각이 아직 획일적이며, 사회 분위기가 매우 경직되어 있기 때문이다. 예를 들어, 식당에서 음식을 시킬 때도 동료나 상급자의 눈치를 보고 대부분 같은 메뉴를 주문하는 경우를 쉽게 볼 수 있다. 물론 식사를 빨리 하고 일을 해야 한다는 생각 때문에 다양한 메뉴를 선택하지 않는 면도 있지만, 우리는 집단의 생각과는 다른 생각을 쉽게 표현하지 못하는 문화 속에 살고 있다.

민주사회는 다양한 생각과 아이디어가 거부감 없이 수용되는 문화적인 환경을 기본으로 한다. 그러나 우리 사회는 아직 어느 누구도 언제 어디서나 자유로움을 만끽할 수 있는 수준의 문화생활을 하지 못하고 있다. 그러므로 향후 우리 교육이 나아가야 할 방향을 설정하기 위해 서로 다른 다양한 생각들이 얼마나 잘 수용되고 있는가를 알아보는 것은 의미 있는 일이다.

먼저, 가치관이나 이념적으로 우리가 어디에 위치하고 있는지를 확인해 보기 위해 세계 각국의 국민이 가지고 있는 이념적인 지평을 알아본다. [그림 1-1]은 우리가 가지고 있는 생각이 얼마나 획일적이고 경직되어 있는지 국가별 · 문화권별 가치관의 분포를 통해 잘 보여 주고 있다. 비교조사연구원Institute for Comparative Survey Research: ICSR, 2015은 1980년부터 세계 80여 개국의 관심 있는 학자들이 중심이 되어 약 5년 주기로 세계가치관조사를 하고 있다.

[그림 1-1]에 대한 설명은 〈표 1-1〉에 잘 표현되어 있다. 즉, X축은 원점에 가까울수록 생존 가치Survival Values, 즉 경제적 · 신체적 안

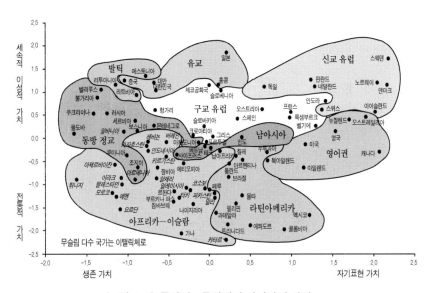

[그림 1-1] 국가별 · 문화권별 가치관의 차이

자료: Institute for Comparative Survey Research (ICSR). (2015).

전을 강조하고, 민속적 관점과 깊이 연계되어 있으며, 낮은 수준의 신뢰와 관용을 보이는 국가이다. 오른쪽으로 갈수록 자기표현 가치 Self Expression Values, 즉 환경보호의 우선순위가 높고, 외국인, 게이와 레즈비언, 성평등을 수용하며, 정치적·경제적 의사결정에 참여하려는 욕구가 높고, 다양성의 존중을 중요하게 생각하는 국가이다.

Y축은 원점에 가까울수록 전통적 가치 Traditional Values, 즉 종교와 부모-자녀 관계의 중요성을 강조하고, 권위와 전통적인 가족 가치에 순종하고, 이혼·낙태·자살·안락사 등을 반대하며, 국가적 자존심과 민족적 관점을 높이 평가하는 국가이다. 위쪽으로 갈

〈표 1-1〉 세계가치관 분류에 적용한 가치와 내용

X·Y축	가치	내용
X축	생존 가치	- 경제적·신체적 안전을 강조 - 민속적 관점과 연계 - 낮은 수준의 신뢰와 관용
	자기표현 가치	- 환경보호의 우선순위 높음 - 외국인, 게이와 레즈비언, 성평등을 수용 - 정치적·경제적 의사결정에의 참여 욕구 높음 - 다양성 존중
Y축	전통적 가치	- 종교와 부모자식관계의 중요성 강조, 권위와 전통적 가족가치에 순종 - 이혼, 낙태, 자살, 안락사 반대 - 국가적 자존심, 민족적 관점을 높이 평가
	세속적-이성적 가치	- 종교, 전통적 가족 가치와 권위를 적게 강조 - 이혼, 낙태, 자살, 안락사 등을 상대적으로 수용할 수 있는 것으로 간주

자료: ICSR. (2015).

수록 세속적·이성적 가치_{Secular-Rational Values}, 즉 종교 및 전통적인 가족 가치와 권위를 적게 강조하고, 이혼, 낙태, 자살, 안락사 등을 상대적으로 수용할 수 있는 것으로 간주하는 국가이다.

세계가치관조사는 [그림 1-1]에서 보는 바와 같이 먼저 문화권 별로 그룹을 나누어 정리하고 있다.

첫째, '신교 유럽' 국가들은 X축과 Y축의 원점에서 가장 멀리 위치해 있다. 이 문화권에 속한 북유럽 국가들은 자기표현 가치를 생존 가치보다 존중하고 있으며, 세속적·이성적 가치를 전통적 가치보다 중시하고 있다. 그중에서 스웨덴이 자기표현 가치와 세속적·이성적 가치를 가장 중시하고 있다.

둘째, 미국과 영국을 중심으로 하는 '영어권' 국가들은 '신교 유럽' 국가 수준으로 자기표현 가치를 생존 가치보다 중시하지만, 전통적 가치와 세속적·이성적 가치를 비슷한 수준으로 가치 있게 생각하고 있다. 이들 국가들은 '신교 유럽'이나 '구교 유럽' 국가들보다 전통적인 가치를 중시하고 있으며, 특히 미국은 전통적인 가치를 세속적·이성적 가치보다 더 중요하게 생각하고 있다.

셋째, '구교 유럽' 국가들은 자기표현 가치를 생존 가치보다 중시하고, 세속적·이성적 가치를 전통적 가치보다 중시하고 있다. '구교 유럽' 국가 중에서 과거 공산 진영하에 있던 국가들은 자유 진영 국가에 비해 자기표현 가치를 지지하는 수준이 조금 낮게 나타나고 있다.

넷째, '라틴아메리카' 국가들은 자기표현 가치를 생존 가치보다 조금 높게 지지하고 있으며, 전통적 가치를 세속적·이성적 가치보다 중요하게 생각하고 있다. 이는 라틴아메리카 국가들이 가지고 있는 가족을 중시하는 문화와 가톨릭 교회의 영향으로 볼 수 있다.

다섯째, 일본과 홍콩을 제외한 '유교권' 국가들은 생존 가치를 자기표현 가치보다 중요하게 생각하고 있다. 그리고 모든 유교 국가들이 세속적·이성적 가치를 전통적 가치보다 중요하게 생각하고 있다. 이들 국가들 중에서 우리나라는 다른 유교 국가보다 전통적 가치를 좀 더 강조하고 있다.

여섯째, '남아시아' 국가들은 생존 가치와 자기표현 가치를 비슷한 수준에서 중요하게 생각하고 있으며, 전통적 가치를 세속적·이성적 가치보다 조금 더 중요하게 생각하고 있다.

일곱째, '발틱' 국가들은 동방정교 국가 수준으로 생존가치를 중요하게 생각하며, 동방정교 국가보다 더 세속적·이성적 가치를 중요하게 생각한다.

여덟째, 러시아를 포함한 '동방 정교' 국가들은 생존 가치를 자기표현 가치보다 훨씬 중요하게 생각하며, '유교' 국가 수준보다는 낮지만 세속적·이성적 가치를 전통적 가치보다 중요하게 생각하고 있다.

아홉째, '아프리카' 국가들은 생존 가치를 자기표현 가치보다 중요하게 생각하며, 전통적 가치를 세속적·이성적 가치보다 중요하게 생각하고 있다.

열째, '이슬람교' 국가들은 아프리카 국가들과 비슷한 의식을 가지고 있다. 아프리카 국가 중 이슬람 문화를 가진 국가들이 많기 때문이다. 이들 국가들은 '유교' 국가와 '동방 정교' 국가 수준으로 생존 가치를 자기표현 가치보다 높게 생각하고 있으며, '라틴 아메리카' 국가 수준으로 전통적 가치를 세속적·이성적 가치보다 높게 생각하고 있다.

이러한 경향을 보면 한 국가의 가치관은 그 국가가 속한 문화권의 영향을 크게 받는 사실을 알 수 있다. 즉, 하나의 문화권에 속한 국가들은 비슷한 가치관을 가지고 있음을 확인할 수 있다. 우리나라는 유교 문화권 중에서 대만과 유사한 가치관을 가지고 있다.

세계가치관조사의 변화 추세를 보면, 세계 각국 국민의 가치관은 X축의 오른쪽으로, Y축의 위쪽으로 발전하고 있으며, 대체로 X축과 Y축의 가운데인 대각선 방향으로 발전하고 있다. 이것은 경제적으로 빈곤한 국가에서 부유한 국가로 발전하는 방향과 같은 방향으로 가치관도 발전하고 있음을 보여준다. 세계는 개인의 자유와 권리, 선택을 존중하고 다양성을 확대하는 방향으로, 그리고 세속적이고 이성적인 가치를 확대하는 방향으로 발전하고 있다고 할 수 있다.

여기서 전통적 가치보다 세속적 가치를 중요하게 생각하는 것이 가치관의 발전이라고 할 수 있느냐 하는 문제를 제기할 수 있다. 대부분의 국가가 개인주의 사회로 발전하면서 가족과 종교의 중요성을 간과하는 방향으로 나아가는 것 같아 안타까운 마음이다. 그러므로 국제사회 전체가 세속적인 가치를 중요하게 생각하는 방향으로 나아가더라도 이혼·낙태·자살·안락사 등을 반대하는, 가족과 종교의 가치를 계속 지켜 가는 것이 필요하다고 본다.

이 조사를 통해 알 수 있는 것은 우리나라는 생존 가치를 중시하며, 자기표현 가치는 매우 낮게 나타나고 있다는 것이다. 또한 세속적·이성적 가치를 전통적 가치보다 높게 평가하는 것으로 나타나고 있다. 우리나라는 경제적으로는 선진국 수준에 가까이 와 있지만, 의식 면에서는 다양성을 존중할 줄 모르는 전체주의 국가와 같은 후진성을 보이고 있다고 할 수 있다.

이것은 다양성을 존중하기 어려운 남북 분단 상황 등 여러 가지 이유가 있겠지만, 현재 우리 사회가 개인의 선택의 자유를 법적으로는 보장하고 있지만 사회규범이나 문화적으로 제약을 받고 있음을 보여 준다. 우리와 지리적으로 가까운 위치에 있는 일본은 유교 문화권 국가 중에서 자기표현 가치를 매우 중요하게 생각하며, 우리와 많은 관계를 갖고 있는 미국은 일반적인 생각과 달리 전통적 가치를 중요하게 생각하는 보수적인 의식을 가진 국가이다.

우리는 지금 의식의 획일화와 이념의 경직성으로 인해 개방된 다문화 사회에서 다양성을 수용하고 서로 의존하며 더불어 살아가야 하는 시대적인 요청을 제대로 받아들이지 못하고 있다. 결과적으로는 창의적인 사고와 바르고 따뜻한 인성을 기르지 못하고 있어 미래를 밝게 보기 어렵게 하고 있다. 선진국으로 발돋움하기 위해 노력하고 있는 우리나라는 교육을 통해 우리 국민의 신념체계가 자율성과 다양성을 존중하는 선진국 형으로 발전해 나가도록 해야 한다. 앞으로 학교교육은 학생과 학부모의 선택을 존중하고, 모든 개인의 다양한 의견을 존중하는 방향으로 발전해 나가야 한다.

2. 문제해결 능력의 부족

국가 간 학생들의 학력을 평가하여 비교 자료를 제공하는 대표적인 2개의 프로그램이 있다. 하나는 1995년부터 4년 주기로 발표되고 있는 국제교육성취도평가협회International Association for the Evaluation of Educational Achievement: IEA의 국제 수학·과학 성취도 추이Trends in International Mathematics & Science Study: TIMSS이다. 이것은 수학과 과학 분야에 특화해서 평가하는 매우 권위 있는 프로그램이다.

다른 하나는 2000년부터 3년 주기로 발표되고 있는 경제협력개발기구Organization for Economic Cooperation and Development: OECD의 국제학업성취도평가Programme for International Student Assessment: PISA로서 이 또한 국제적으로 영향력이 매우 큰 평가 프로그램이다. PISA는 국가 지도자들이 관심을 가지고 변화의 추이를 볼 정도이며, 많은 사람이 한 국가의 교육 수준을 대변한다고 믿는다.

우리나라의 학생들은 두 시험에서 우수한 성적을 보이고 있기 때문에 국제적으로 교육을 잘하고 있는 것으로 알려져 있다. 과연 우리가 교육을 잘하고 있다고 이야기할 수 있을까? 우리 교육은 여러 가지 문제가 있지만 그중에서 가장 중요하고 시급하게 개선해야 할 문제로서 문제해결 능력의 부족을 들 수 있다. 이 문제는 영국의 시사경제주간지 *The Economist*의 계열사인 *The Economist Intelligence Unit*이 2012년부터 매 2년마다 세계 주요 국가들을 대상으로 '학습곡선지수Learning Curve Index'를 만들어 발표하고 있는 자료The Economist Intelligence Unit, 2012, 2014에 잘 나타난다.

이 학습곡선지수는 교육의 투입과 산출 관련 지표들과 사회경제 관련 주요 지표 18개를 포함하는 학습지수이다. 즉, 교육의 투입지표로서 질적 투입지표학교 자율성, 학교 선택와 양적 투입지표비용, 시작 연령, 교사 대 학생 비율, 재학 기간를 넣고, 산출지표로서 인지능력지표IEA's Progress in International Reading Literacy Study: PIRLS, TIMSS, PISA와 교육성과 지표졸업률, 문해율, 고용률 그리고 사회경제환경지표일인당 GDP, 수입평등성, 혁신, 노동생산성, 범죄율, 연구 성과를 넣어 국가별로 학습곡선지수를 만들어 비교한다.

2012년에는 우리나라가 전체 40개 참여 국가 중 2위를 했으며, 2014년에는 1위를 하였다. 이 결과는 그동안 우리나라가 TIMSS와 PISA에서 좋은 성적을 보여 준 것과 일치하고, 학력은 물론 사회경제 관련 지표를 모두 포함하여 만든 지수를 가지고 비교한 결과이

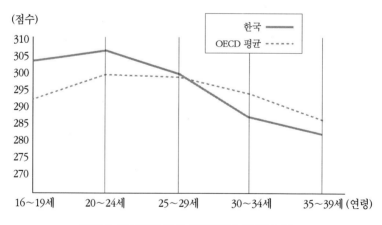

[그림 1-2] 나이에 따른 문제해결 능력 점수 비교

자료: Organization for Economic Cooperation and Development(OECD, 2013).

기 때문에 좋은 소식이라고 할 수 있다. 그러나 2014년 보고서에서는 우리나라가 [그림 1-2]와 같이 30세 이후에는 문제해결 능력 점수가 OECD 평균보다 아래로 내려가고 있음을 문제로 지적한다The Economist Intelligence Unit, 2014.

이 자료는 27세 이전까지 보여 주고 있는 우리나라 인재양성의 좋은 모습이 그 이후에는 바뀌고 있다는 뼈아픈 지적과, 이에 대한 대응이 필요하다는 분명한 메시지를 담아 우리에게 제시한다. 우리 교육은 물론 사회경제 발전에 빨간불이 켜진 것이다. 우리 학생들은 대학을 졸업하고 사회에 진출하는 시기부터 문제해결 능력이 내려가기 시작하여 27세 무렵부터 OECD 평균보다 낮은 모습을 보인다.

우리는 광우병 사태와 세월호 참사 문제를 해결해 나가는 과정을 보면서 우리 사회 성인들의 문제해결 능력의 부족 문제를 다시 한 번 실감할 수 있었다. 문제해결 능력 부족은 생각이 서로 다른 사람과 더불어 살아가는 사회적 · 정서적 능력의 부족, 즉 가정과 학교는 물론 사회 전반적인 공감 능력의 부족이 원인이라고 볼 수 있다.

공감 능력은 인성의 중요한 요소의 하나로서 다양한 문화적 배경을 가진 사람들이 서로 상대방을 존중하며 어울려 살아가야 하는 21세기 핵심역량의 하나이다. 인성교육에서 가장 중요한 덕목임은 더 이상 설명이 필요치 않을 것이다. 본격적인 사회생활을 하기 전까지는 잘 나타나지 않던 이 능력이 사회생활을 하기 시작하면서 부각되고 있다. 여러 가지 해석이 있을 수 있지만, 가정과 학

교, 사회에서 이 능력을 제대로 길러 주지 못하고 있다는 사실은
피할 수 없다.

3. 테크놀로지 활용 능력의 부족

흔히 우리나라 사람들은 우리나라를 정보통신기술ICT 분야의 선
진국으로 자부한다. 가장 빠른 인터넷 광케이블이 잘 보급되어 있
기 때문에 인터넷 이용 속도와 보급률 면에서 우리나라가 세계 1
위라고 한다. 통계청 자료에 따르면, 2015년 기준 국내 초고속 인
터넷 가입자 수는 2,002만 명이다. 즉, 초고속 인터넷 가입자가 전
국민의 40% 정도인 것이다.

그러나 낡은 케이블, 오래된 건물 등 다양한 요인으로 기가급 인
터넷을 사용하고 싶어도 사용하지 못하는 경우가 있다. 광케이블
로 연결된 초고속 인터넷을 이용하는 사람은 660만여 명33.05%이
다. 전체 국민 40% 중 약 1/3 정도가 빠른 인터넷을 사용할 수 있
다. 그러므로 전 국민의 13% 정도가 초고속 인터넷을 사용하고 있
으며, 이는 만족할 만한 수준이 아니다.

3차 산업혁명이라고 불리는 디지털 시대는 인간이 시간과 공간
의 제한을 넘어설 수 있도록 온라인상으로 삶의 지평을 확장함으로
써 일상생활에 혁신적인 발전을 가져왔다. 특히 소프트웨어 기술
은 홈쇼핑, 전자결제 등과 같이 일상생활에서 매우 활발하게 적용
되고 있다. 교육 분야에서도 온라인 공개강좌Massive Open Online Courses:

MOOCs 등으로 발전하고 있지만, 발전된 하드웨어와 소프트웨어 기술이 학교 현장에 충분히 반영·적용되지 못하고 있다.

테크놀로지 활용 능력을 알아보기 위해 정보통신기술Informa-tion and Communication Technologies: ICT을 위한 하드웨어와 소프트웨어 이용 관련 연구들을 살펴본다. 가장 권위 있는 국제비교연구로 OECD 의 ICT에 대한 친숙도 연구OECD, 2011와 국제교육성취도평가협회 International Association for the Evaluation of Educational Achievement: IEA의 국제 컴퓨터·정보소양 연구IEA, 2014 등이 있다. 놀라운 사실은 우리나라의 가정이나 학교에서의 ICT 접근성과 활용이 다른 국가들에 비해 낮다는 것이다.

OECD 연구OECD, 2011에 따르면, 가정에서의 ICT 접근성과 활용 면에서 우리나라는 OECD 평균보다 낮게 나타난다. 즉, 컴퓨터 기기 보유, 인터넷 연결, 인터넷 사용 시간, 컴퓨터와 인터넷 최초 사용 나이, 컴퓨터를 통한 학교 수업 내용 복습의 정도에서 우리나라는 OECD 평균보다 낮게 나타나고 있다. 학교에서의 ICT 접근성과 활용 면에서도 우리나라는 OECD 평균보다 낮게 나타나며, 학교는 가정에서의 접근성보다 현저하게 낮게 나타나고 있다.

학교의 정보통신기술 보급 수준은 실망스러운 정도이다. 학생과 교사의 1인 1기기는 요원하고, 학교 내에서 무선 랜Wi-Fi이 안 되는 곳도 있으며, 학생의 컴퓨터 계정과 학생이 만든 영상 등 산출물을 저장할 수 있는 인터넷 공간도 거의 없다. 특히 소프트웨어 부문에서는 매우 부족한 실정이다. 테크놀로지의 중요성이 점점 커지고 있는 현실을 고려할 때 우리는 더욱 적극적인 입장에서 이 문제를 개선해 나갈 필요가 있다. 앞으로 코딩교육을 본격적으로 해 나가기 위해 더욱 그러하다고 할 수 있다.

〈표 1-2〉는 학교에서의 과제별 컴퓨터 활용률을 보여 준다. 여기서 보는 바와 같이 학생들의 오락을 위한 컴퓨터 활용률은 OECD 평균보다 높게 나타나지만, 교육을 위한 컴퓨터 활용률은 OECD 평균보다 낮게 나타난다. 학교에서 ICT를 학습에 활용하는 정도는 OECD 국가 중 최하위이다. 특히 수학 과목에서는 아주 낮은 최하위이다. 학생들은 학교 공부와 숙제를 하는 데 ICT가 유용하다고 인식하지 않으며, ICT를 학습도구로 생각하지 않는다.

국제교육성취도평가협회의 연구IEA, 2014에서도 우리나라는 컴퓨터 사용에 대한 흥미와 즐거움에서 18개 참여국 중 가장 낮았으며, 컴퓨터를 이용하여 과제하는 것을 재미있게 생각하는 수치도 가장 낮게 나타났다. 학습 목적으로 컴퓨터를 사용하는 경우도 가장 낮게 나왔다. 교사들은 ICT 활용에 대한 자아효능감은 비교적 높은 편이지만 교수-학습에 ICT를 활용하는 것에 대해 부정적인 반응이 높았다.

교사들의 교수 활동을 위한 ICT 활용은 학생에게 연결되지 않고, 교사 주도 활동에 그치고 있다. 교사들의 ICT 관련 전문성 개발 활동 참여율도 낮게 나타났다. 적어도 학교에서는 ICT 강국이라는 표현을 쓸 수가 없으며, 정부의 개선 의지도 찾아보기 어렵다. 학교에는 ICT를 학습도구로 사용하기 위해 노력하고 있는 교사도 있지만 부정적인 인식을 가진 교사가 더 많다. 상당히 실망스러운 모습이다.

〈표 1-2〉 학교에서의 과제별 컴퓨터 활용률

구분	과제	한국(%)	OECD 평균(%)
인터넷/ 오락 과제	인터넷 검색	67.17	59.22
	게임	53.32	51.90
	협동 작업을 위한 인터넷 사용	24.55	35.38
	소프트웨어 다운로드	40.67	39.99
	음악 다운로드	74.80	55.92
	이메일이나 채팅을 위한 의사소통	65.28	67.03
프로그램/ 소프트웨어 과제	문서 작성	30.04	46.70
	스프레드시트 사용	9.15	20.03
	그래픽 프로그램 사용	39.19	66.73
	교육용 프로그램 사용	13.81	14.62
	컴퓨터 프로그램 사용	6.70	18.21

자료: OECD(2011).

[그림 1-3]은 향후 2040년까지 미래 교육기술의 발달에 따른 학교교육 시스템의 변화를 예상하여 그림으로 나타낸 것이다. [그림 1-3]에서 보는 바와 같이, 현재 교육이 이루어지고 있는 학습 환경은 교실과 스튜디오 그리고 가상공간으로 나누어 볼 수 있다. 교육과 학습 관련 기술의 발전은 기존의 교실을 디지털화된 교실로 발전해 나가도록 하고 있으며, 스튜디오는 게임화를 통한 교육이 이루어지도록 하고 있고, 가상공간은 각종 정보와 지식의 공개 및 공유를 통해 교육과 학습이 가능하도록 하고 있다.

기술의 발전은 손에 쥘 수 있는 컴퓨터와 탈중개화를 통해 학생으로 하여금 교사와 같은 중간 전달자를 거치지 않고 스스로 학습할 수 있는 환경을 조성해 줄 것이다. 궁극적으로 교실과 스튜디오

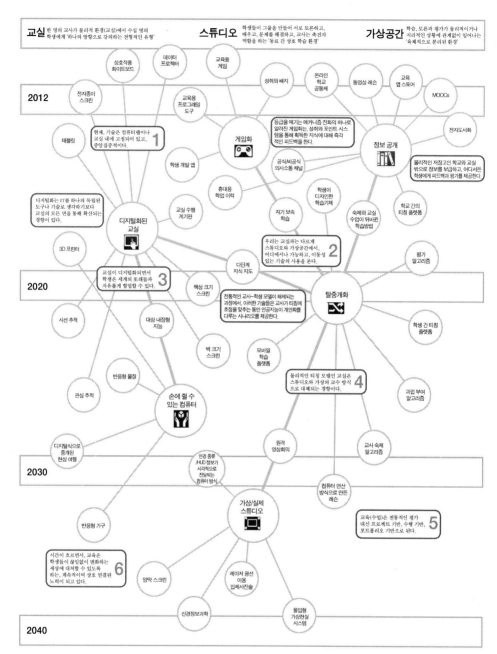

[그림 1-3] 교육기술의 발달에 따른 학교교육 환경의 변화

자료: Envisioning Technology Research Foundation. (2012).

그리고 가상공간이 하나로 통합되어 가상과 실제가 동시에 존재하는 스튜디오에서 창작물을 만들어 낼 수 있게 될 것이다. 실제든 가상이든 스튜디오는 학생들이 자신이 만들고자 하는 작품을 만들어 내는 하나의 창작실이다. 학교의 교실과 같은 모든 교육 공간은 필요한 것을 만들어 낼 수 있는 하나의 스튜디오, 즉 창작실과 같이 변화해 나갈 것임을 예고해 준다.

현재 학교 전체가 하나의 거대한 스튜디오같이 운영되고 있는 하이테크고등학교High Tech High, 미국 캘리포니아주 샌디에이고 소재 등이 세계의 주목을 받고 있다. 미래형 수업 방식으로 알려진 프로젝트 수업은 하이테크고등학교 등이 가장 앞서 나가고 있으며, 전 세계의 교육 전문가들이 견학을 올 정도이다. 이와 같이 향후 기술의 발달에 따른 교육 양식의 변화를 고려해 볼 때, 학교와 교사는 이러한 기술의 발전을 반영하여 학교교육과 수업을 변화·적응시켜 나가야 한다.

최근에는 알트스쿨AltSchool, 미국 캘리포니아주 샌프란시스코 소재과 같이 개인별 맞춤형 학습을 위해 교육용 소프트웨어 프로그램을 많이 활용하는 미래형 학교가 많은 주목을 받고 있다. 또한 미네르바스쿨Minerva School, 미국 캘리포니아주 샌프란시스코 소재 등과 같이 세계의 여러 주요 도시에 기숙사를 운영함으로써 6개월마다 새 도시에서 국제적인 경험을 갖도록 해 주는 학교도 관심을 끌고 있다. 이 학교는 능동학습포럼Active Learning Forum이라는 플랫폼을 운영하여 주요 도시에서 실시간 접속하여 상호 토론하는 식으로 학습한다.

이런 학교들은 새로운 형태의 학교 유형이라고 할 수 있으며, 대부분 학비를 많이 받는 사립학교이다. 입학을 희망하는 학생이 많아서 하버드대학교와 같은 최고 일류 대학보다 입학 경쟁이 심하다. 이는 많은 학비를 내더라도 좋은 교육을 시키고자 하는 사람들이 많이 있음을 의미한다. 모든 분야에서 민간 영역은 선도적으로 새로운 분야를 개척해 나가는 개척자의 역할을 담당하고 있다. 하지만 우리나라는 교육 분야에서 사립학교와 같은 민간 영역을 인정하지 않으려는 경직된 의식 경향이 있어 발전에 걸림돌이 되고 있다. 새로운 시도를 할 수 있는 사립학교의 자율적인 발전을 허용해야 새로운 형태의 교육이 가능해진다.

교육기술은 궁극적으로 교육이 학생의 수준과 필요에 따라 개별화된 맞춤형으로, 국경을 넘어 전 세계적인 경험을 중시하는 방향으로 발전해 나갈 것임을 예상케 해 주고 있다. 그러므로 교사와 학교는 학생의 수준과 필요에 따라 개별화된 맞춤형 교육을 할 수 있도록 변화해 나가야 한다. 기술의 발전과 시대의 변화를 제대로 감지하여 개방적인 자세로 적극 대응하지 못하고, 우리 교육의 문제점들이 개선되지 않으면 우리의 미래는 기약하기 어렵다. 미래 교육의 도입은 우리나라가 살아남고 선진국으로 진입하기 위해 필연적인 일이다.

4. 저출산과 사회 양극화 문제

우리 사회가 당면하고 있는 여러 가지 문제 가운데 매우 심각하게 생각하고 대처해야 하는 것으로 저출산과 사회 양극화 문제를 들 수 있다. 2014년 우리나라의 출산율은 1.21로서 OECD 35개 회원국 중 가장 낮다OECD, 2016. OECD 평균은 1.7이며, 인구를 현 수준으로 유지하기 위한 출산율 2.1보다 현저하게 낮다. 통계청의 국가통계포털KOSIS이 추계한 자료인 〈표 1-3〉을 보면 지금이 가장 낮은 단계이고, 향후 다소 올라가는 경향이 있다. 그러나 전 세계적으로 올라가는 추세이기 때문에 2060년의 예상치인 1.65도 세계에서 가장 낮은 수준이다.

젊은 부부들이 출산을 기피하고 있으며, 첫 아이를 낳는 산모의 평균 연령도 31세로 OECD에서 가장 높다. OECD 평균은 28.7세이다. 출산을 기피하는 주요한 이유로 많이 거론되고 있는 것은 높은 영유아 양육비이다. 영유아에 대한 보육과 교육비 부담이 커서 출산을 미루고, 적게 출산하는 경향이 나타나고 있는 것이다.

〈표 1-3〉 한국의 연도별 출산율 통계 및 추계   (단위: 년/%)

연도	1965	1970	1975	1980	1985	1990	1995	2000	2005	2010
출산율	5.63	4.71	4.28	2.92	2.23	1.60	1.70	1.51	1.22	1.23
연도	2015	2020	2025	2030	2035	2040	2045	2050	2055	2060
출산율	1.26	1.33	1.39	1.45	1.50	1.54	1.57	1.60	1.63	1.65

자료: 통계청 국가통계포털(http://kosis.kr).

사회 양극화의 문제는 국제사회가 공통적으로 경험하고 있는 현상이다. [그림 1-4]에서 보는 바와 같이, 소득 불평등의 정도를 나타내는 지니계수가 멕시코, 미국, 영국 순으로 높은 편이다. 지니계수 0은 완전 평등을, 그리고 1은 완전 불평등을 의미한다. 우리나라는 0.3 정도로 다른 OECD 국가보다 낮은 수준이며, 소득 불평등의 정도가 양호한 수준이라고 할 수 있다.

우리나라는 실제적인 소득 양극화의 정도보다 심정적으로 사회

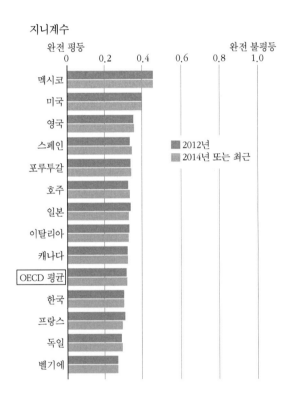

[그림 1-4] 가처분소득 기준 지니계수(소득 불균형) 국제 비교

자료: Financial Times. (2017. 01. 17.).

양극화를 더 크게 느끼고 있다고 볼 수 있다. 그동안 경제적인 면에서 비슷한 수준으로 생각했던 가까운 이웃이 경제적인 압축 성장 과정에서 급속한 발전을 하였고, 이에 따라 심리적으로 상대적인 박탈감을 많이 느낄 수밖에 없는 것이다.

[그림 1-5]는 상위 소득 10%의 전체 임금 소득 비중과 저임금 노동자 비중, 빈곤율을 국가 간에 비교한 것이다. 상위 10%가 차지하는 상위권으로의 소득 집중은 멕시코, 미국, 영국 순으로 높다.

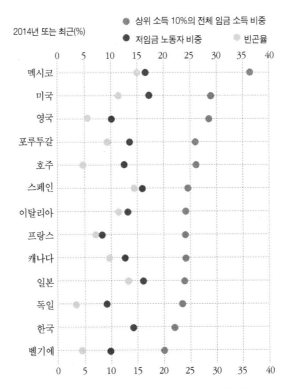

[그림 1-5] 상위 소득 10%의 전체 임금 소득 비중과
저임금 노동자 비중, 빈곤율 국제 비교

자료: Financial Times. (2017. 01. 17.).

하지만 영국은 저임금 노동자 비중이 낮고, 빈곤율도 낮게 나타난다. 독일과 벨기에는 상위권이 차지하는 비중도 낮은 편이고, 저임금 노동자 비중과 빈곤율도 낮다.

우리나라는 상위 10%의 소득자가 전체 임금 소득의 22% 정도의 비중을 차지하여 비교적 낮은 편이지만, 저임금 노동자의 비중은 15% 정도로 높은 편이다. 우리나라의 빈곤율 자료는 나타나 있지 않다.

[그림 1-6]은 상중하 계층별 실제 가처분 소득 증가율을 국가 간

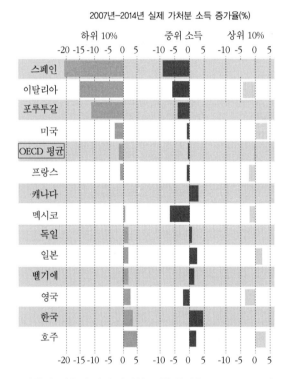

[그림 1-6] 상중하 계층별 실제 가처분 소득 증가율(2007~2014년) 국제 비교

자료: Financial Times. (2017. 01. 17.).

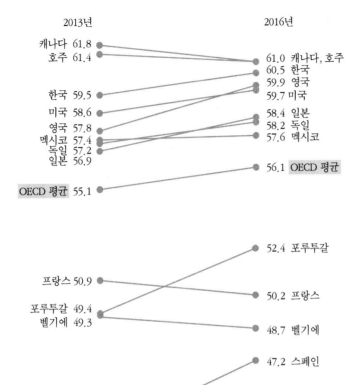

2013년 3분기와 2016년 3분기 고용률(%)

2013년

- 캐나다 61.8
- 호주 61.4

- 한국 59.5

- 미국 58.6
- 영국 57.8
- 멕시코 57.4
- 독일 57.2
- 일본 56.9

OECD 평균 55.1

- 프랑스 50.9

- 포루투갈 49.4
- 벨기에 49.3

- 스페인 43.8
- 이탈리아 42.8

2016년

- 61.0 캐나다, 호주
- 60.5 한국
- 59.9 영국
- 59.7 미국

- 58.4 일본
- 58.2 독일
- 57.6 멕시코

- 56.1 OECD 평균

- 52.4 포루투갈

- 50.2 프랑스

- 48.7 벨기에

- 47.2 스페인

- 43.7 이탈리아

[그림 1-7] 노동시장 고용률 변화 국제 비교(2013-2016년)

자료: Financial Times. (2017. 01. 17.).

에 비교한 자료이다. 2007년에서 2014년 사이 재정 위기를 겪은 스페인, 이탈리아, 포르투갈은 상중하 계층 모두 큰 소득 감소를 경험하였다. 멕시코와 영국은 상위와 중위는 감소하는 반면, 하위 그룹이 늘어났다. 호주는 상중하 모두 늘어났으며, 특히 하위 그룹이 크게 늘어났다.

우리나라는 상중하 모든 그룹의 가처분 소득이 증가한 것으로 나타나고 있다. 특히 중간 계층의 가처분 소득이 상위와 하위 그룹보다 더 늘어난 비교적 양호한 모습을 보이고 있다. 즉, 중간 계층의 가처분 소득이 늘어난 소위 항아리 형이라고 할 수 있다.

[그림 1-7]에서 보는 바와 같이 대부분의 국가에서 고용률이 개선되고 있다. 이를 통해 전문가들은 세계 경제가 조금씩 좋아지고 있다고 본다. 특히 재정 위기를 경험한 스페인의 고용률이 개선되고 있다. 포르투갈도 많이 좋아졌다. 반면에 캐나다, 호주, 프랑스, 벨기에 등의 국가는 고용률이 조금씩 내려갔다.

우리나라 노동시장의 고용률도 2013년 3분기에 59.5%에서 2016년 3분기에 60.5%로 1% 증가하였으며, 이것은 다른 OECD 국가들에 비해 비교적 양호한 편이다. 고용률은 세계 경제의 영향을 그대로 받기 때문에 세계 경제가 좋아지는 방향으로 나가면 고용률도 개선된다. 따라서 우리 경제도 세계 경제와 함께 좋아질 수 있도록 노력해 나가야 한다.

[그림 1-8]은 국가가 바른 방향으로 잘 가고 있는지 혹은 잘못된 길을 가고 있는지에 대한 국민의 심리를 추적한 경향을 나타낸다. 자료를 만든 입소스 모리Ipsos MORI는 영국의 세계적인 시장조사 연구기관이며, 매달 주요국 국민의 관심사를 조사해서 발표하고 있다. [그림 1-8]은 2017년 8~9월 사이에 26개국의 16세부터 64세까지의 성인 각 2만 1천여 명씩을 대상으로 이루어진 조사이다. 자

	잘못된 길	바른 길	응답자가 선택한 가장 큰 우려(%)
참여국 평균 ▶	59%	41%	
중국 ▶	8%	92%	41 도덕성 퇴락
인도 ▶	26%	74%	46 테러
사우디아라비아 ▶	28%	72%	45 실업
한국 ▶	33%	67%	57 실업
캐나다 ▶	43%	57%	40 실업
아르헨티나 ▶	45%	55%	64 범죄·폭력
러시아 ▶	47%	53%	49 재정적·정치적 부패
호주 ▶	57%	43%	39 실업
폴란드 ▶	58%	42%	51 의료서비스
스웨덴 ▶	59%	41%	49 범죄·폭력
미국 ▶	59%	41%	41 테러
이스라엘 ▶	62%	38%	49 테러
일본 ▶	62%	38%	37 가난·사회불평등
독일 ▶	63%	37%	47 가난·사회불평등
터키 ▶	63%	37%	74 테러
벨기에 ▶	65%	35%	38 실업
프랑스 ▶	71%	29%	50 실업
영국 ▶	72%	28%	36 이민·난민
페루 ▶	75%	25%	75 범죄·폭력
스페인 ▶	75%	25%	71 실업
헝가리 ▶	77%	23%	63 의료서비스
멕시코 ▶	83%	17%	70 범죄·폭력
브라질 ▶	84%	16%	48 재정적·정치적 부패
이탈리아 ▶	85%	15%	65 실업
남아프리카 ▶	92%	8%	61 재정적·정치적 부패

[그림 1-8] 국가 발전에 대한 국민 심리 추적 국제 비교(2017. 09.)

*참고: 응답자가 선택한 가장 큰 우려(%)는 2016년 10월 자료임.
세르비아(바른 길 50%, 잘못된 길 50%)는 응답자가 선택한 가장 큰 우려(%) 자료가 없어 그림에서 제외하였음.
자료: Ipsos MORI. (2017. 09.).

신의 국가가 바른 길로 가고 있는지 아니면 잘못된 길로 가고 있는지에 대한 응답을 가지고 국제 비교 자료를 만든 것인데, 우리나라는 67%의 응답자가 바른 길로 가고 있다고 한 반면에 33%는 잘못된 길로 가고 있다고 응답하였다. 우리 자료를 26개 국가 평균인 바른 길40% 정도, 잘못된 길60% 정도과 비교해 보면 비교적 양호한 결과이다.

이것은 매우 놀라운 변화이다. 4개월 전인 4~5월 조사에서는 바른 길이 16%, 잘못된 길은 84%였다. 당시는 대통령 탄핵에 이어 보궐선거가 5월에 진행되었기 때문에 사회가 매우 혼란한 시기였다. 국민은 국가가 잘못된 길을 가고 있지 않은지 매우 불안해할 수밖에 없었을 것이다.

1년 전인 2016년 9~10월에 이루어진 같은 조사에서도 약간의 차이는 있지만 역시 바른 길24%보다 잘못된 길76%이 훨씬 높았다. 당시에는 대통령 탄핵에 대한 찬성과 반대 시위가 주말마다 대도시에서 열려 시민들의 불안감이 매우 높은 시기였다. 국민 4명중 3명이 불안감을 느끼고 있었다고 볼 수 있다. 세 번의 조사에서 26개 국가 평균은 바른 길40%과 잘못된 길60%이 모두 같이 나왔다. 즉, 조사 대상 국가의 평균은 항상 일정한 수준을 보여 주고 있다.

앞의 [그림 1-4]~[그림 1-7]에서 보는 바와 같이 양적인 데이터가 보여 주고 있는 한국의 경제는 비교적 괜찮은 것으로 나타난다. 우리 국민이 가장 염려하는 것은 실업56%, 재정과 정치의 부패44% 그리고 가난과 사회 불평등37% 등이다Ipsos MORI, 2017년 9월 조사. 즉, 일자리와 정치의 부패 등을 크게 걱정하는 것으로 나타난다.

우리나라는 다른 OECD 국가와 비교해 볼 때 실제적으로 경제 면에서 비교적 잘하고 있는 편이다. 그럼에도 불구하고 국민의 불만과 불안 수준은 높게 나타난다. 이것은 다른 OECD 국민보다 우리의 기대 수준이 높기 때문일 수도 있고, 국제 경제에 대한 이해가 부족하기 때문일 수도 있다. 많은 부분은 안보에 대한 불안, 정치와 사회불안정에 대한 불안에 기인하고 있다고 볼 수 있다. 현재 우리의 수준에 만족할 수는 없지만, 지나치게 비관적인 인식을 가지는 것은 좋지 않다.

국내 주요 언론들이 국제적인 동향을 제대로 보도하고 논평한다면 젊은 세대가 '헬조선'을 외치지는 않을 것이다. 젊은 세대는 실업에 대한 불안이 가장 크며, 이것은 국제적으로 공통적인 문제이다. 따라서 교육은 일자리를 구하거나 만들 수 있는 능력을 길러줄 수 있어야 한다. 그런 의미에서 주요 언론들이 국제적인 감각을 가지고 바른 보도와 논평을 하는 것이 무엇보다 중요하다.

지금까지 저출산과 사회 양극화의 문제를 진단해 보았다. 향후 어떤 정책으로 이 문제들을 완화시켜 나갈지 생각해 보자.

다음 연구들을 기초로 영유아기에 집중 투자하는 정책Early Investment Policy이 가장 효과가 있을 것으로 제안한다. 첫째, 페리 연구Highscope Perry Preschool Study, 1962~2000; Schweinhart et al., 2005는 영유아 보육과 교육 분야에서 이미 고전으로 평가받고 있는 연구이다. 이 연구는 1962년 미국 자동차 산업의 메카인 미시간주 디트로이트시 외곽의 작고 가난한 입실란티Ypsilanti 지역에 거주하는 흑인 가정의 영유아를 대상으로 시작하였다.

당시 이 지역의 영유아들은 제대로 된 보육과 교육을 받지 못하는 환경에서 자라고 있었다. 연구에 참여한 3세와 4세 영유아 123명 중 58명에게는 양질의 보육과 교육을 제공하고, 65명은 제공하지 않았다. 페리 연구는 이 영유아들을 대상으로 3세부터 11세까지는 매년, 그리고 14세, 15세, 19세, 27세 및 40세가 되는 해에 이들의 생활을 추적하여 확인한 연구이다. 영유아기에 양질의 보육과 교육을 받고 자란 어린이는 그렇지 못한 어린이보다 표에서 보는 바와 같이 모든 면에서 좋은 결과를 보여 준다⟨표 1-4⟩ 참조.

이 연구의 영향이라고 보기는 어렵지만 미국은 1965년 아동의 영양, 건강과 교육을 지원하는 '헤드 스타트 프로그램Head Start Program'을 시작하여 현재까지 실시하고 있다.

둘째, 2000년도 노벨 경제학상 수상자인 시카고대학교의 헤크먼 등Doyle, Harmon, Heckman, & Tremblay, 2009의 연구이다. 헤크먼은 3세 때 쓴 1달러가 성인이 되었을 때 16달러의 사회적 투자 수익률로 나타난다고 보고하였다. 아동은 0세부터 5세 사이에 느끼고, 듣고, 보고, 습관적으로 반응하고, 말할 수 있게 되며, 수의 개념까지 형성되는 등 대부분의 감각 기능과 기초 능력이 발달한다. 그러므로 이 시기에 투자하는 것이 가장 높은 투자 효과를 가져올 수 있다고 연구를 통해 보고하였다.

세계은행World Bank, 2012은 '2020 교육전략'을 발표하면서 조기투자 정책Early Investment Policy을 교육투자 정책의 첫 번째로 내세우고 있다. 그러므로 저출산과 사회 양극화 문제를 해결하기 위해서는 영유아 시기에 투자하는 것이 가장 높은 투자 효과를 볼 수 있다.

〈표 1-4〉 취학 전 보육과 교육 프로그램 참여·비참여 아동의 사회경제생활 비교

구분		취학 전 보육과 교육 프로그램 참여 아동	취학 전 보육과 교육 프로그램 비참여 아동
고등학교 졸업률(여학생)		65(84)%	45(32)%
정신장애 치료 경험		8%	36%
유급률		21%	41%
학업성취검사(9, 14세) 성인문해검사(19, 27세)		상대적으로 더 좋은 결과	상대적으로 좋지 않은 결과
40세 때	취업 상태	76%	62%
	평균 연 수입	20,800달러	15,300달러
	주택 소유	36%	13%
	저축계좌 소유	76%	50%
40세까지 5회 이상 체포 경험		36%	55%
흉악 범죄 연루		32%	48%
재산 범죄 연루		36%	58%
마약 범죄 연루		14%	34%

자료: Schweinhart et al. (2005).

지금까지 우리 사회가 당면하고 있는 중요한 과제들, 즉 다양한
문화의 부재로 인한 획일적인 가치관, 사회적인 문제를 해결하는
능력의 부족, 발전된 테크놀로지를 활용하는 능력의 부족, 그리고
저출산과 사회 양극화의 문제 등을 살펴보았다. 미래교육은 이러
한 우리 사회의 문제들을 해소하는 방향으로 계획되고 추진되어야
한다.

제2장

미래사회의 변화와 교육의 방향

최근 인공지능으로 작동되는 알파고Alpha Go가 세계 바둑계의 최고수들을 이긴 사건은 우리에게 크나큰 충격으로 다가왔다. 왜냐하면, 지능의 가장 중요한 한 부분인 연산능력에서 인공지능이 인간의 지능을 앞지르기 시작했기 때문이다. 하지만 이는 우리가 실생활에서 유용하게 사용하는 계산기가 사람이 직접 계산하는 것보다 더 빠르고 정확한 것을 생각하면 크게 놀랄 일은 아니다. 언젠가 디지털화된 기계의 연산능력이 인간을 앞설 것으로 예상해 왔기 때문이다.

또한 최근 화제가 되었던 '포켓몬고' 게임을 보면 실제 거리에 컴퓨터가 만든 가상의 '포켓몬스터'가 나타난다. 게임 참여자가 이 몬스터를 잡기 위해 여기저기 찾아다니며 현실과 가상이 혼합된 세상을 즐기는 모습을 볼 수 있다. 한편, 2016년 1월 스위스의 다보스 포럼Davos Forum을 통해 소개된 바와 같이, 세계는 향후 4차 산업혁명에 대비해야 한다는 주장이 설득력을 얻고 있다. 그 이유는 지금 초등학교에 들어가는 아동이 대학을 졸업하고 사회에 나갈 때 현재 존재하고 있는 직업의 65%가 없어질 것으로 전문가들이 예측하고 있기 때문이다World Economic Forum, 2016.

이러한 이슈들은 자연스럽게 세계의 정치·경제 분야는 물론 사회문화와 교육 분야 지도자들에게도 공통의 관심사로 부각되고 있다. 많은 교사가 지금 미래 세대를 어떻게 교육해야 좋을지 잘 모르고, 이에 따라 학부모는 정신적인 혼란을 경험하고 있다. 이 장에서는 미래사회의 변화를 전망하면서 교육환경의 변화를 살펴보고, 미래교육이 나아가야 할 방향을 생각해 본다.

1. 미래사회의 전망

1) 부카월드 시대가 도래하고, 일자리가 감소한다

교육은 자라나는 세대에게 미래사회를 살아가는 데 필요한 능력을 길러 주는 일이므로 교육을 잘하기 위해서는 미래사회가 어떠한 모습으로 전개될 것인지를 먼저 고려해야 한다. 전문가들은 미래 세대가 살아가야 할 21세기를 부카월드Volatile, Uncertain, Complex, and Ambiguous world: VUCA world 시대라고 한다Bennett & Lemoine, 2014. 그 의미를 그대로 옮겨 보면, '21세기는 변동적이어서 불안정하고, 확실하지 않고, 복잡하고, 애매모호한 세계의 시대'라는 것이다.

최근 국내외에서 일어나고 있는 일들, 예컨대 영국이 43년간 몸담은 유럽연합European Union: EU을 떠나는 브렉시트Brexit, 다수의 여론조사와 주류 사회의 지지를 받지 못하던 도널드 트럼프Donald Trump의 미국 대통령 당선 등은 많은 사람들이 예상하지 못한 일이다. 프랑스에서는 창당한 지 1년밖에 되지 않아 소속 당에 국회의원이 한 명도 없는 앙마르슈 당원인 30대 후반의 에마뉘엘 마크롱Emmanuel Macron이 대통령이 되는 이변이 일어났다. 기후협약을 앞장서서 주도하던 미국이 파리기후변화협약에서 탈퇴하는 한편, 다수의 미국 주지사와 시장은 기후협약을 지지하는 일도 일어나고 있다. 영국, 프랑스, 독일, 스페인 등의 유럽 국가에서는 일반 시민을 상대로 하는 테러가 끊임없이 일어나 사람들을 불안하게 하고 있다.

국내에서도 대통령의 탄핵과 보궐선거에 의한 대통령 선출 등 일상적이지 않은, 정치적·사회적으로 이해하기 힘든 일들이 요동치며 일어났다. 이와 같이 변동적이고 불확실하고 복잡하면서 모호한 세계는 어디에서 연유하는 것인가? 그것은 그동안 억눌려 있던 정치적·경제사회적 '을z'들의 불만과 욕구가 폭발하여 분출되고, 여기서 발생한 분노의 파편들이 실시간 전달되는 소셜네트워크서비스Social Network Services: SNS를 통해 광풍과 같이 국내는 물론이고 국제사회를 휩쓸고 있기 때문이다.

한편, 앞에서 언급한 바와 같이 세계를 이끌고 있는 경제·정치 지도자들이 모이는 다보스 포럼에서는 현재 초등학교에 들어가는 아동이 대학을 졸업할 때에는 많은 학생이 지금 존재하지 않는 새로운 형태의 일을 하게 되는 4차 산업혁명을 예고하고 있다. 그렇지 않아도 취업하기가 힘든데, 앞으로 우리 청소년은 지금은 존재하지 않기 때문에 알 수조차 없는 일을 하며 살아가야 하는 시대를 맞이한다니, 학부모는 어떻게 자녀를 키우는 것이 좋을지 몰라 더욱 혼란스럽고 불안하다.

세계경제포럼 보고서WEF, 2016는 2015년부터 2020년까지 전 세계의 대표적인 15개 선진국 및 신흥국에서 인공지능과 로봇기술에 의해 대체되는 710만 개의 일자리가 주로 사무·행정직과 제조·생산업, 건설·채광업, 법률 등의 분야에서 일어나고, 이 중 2/3는 화이트칼라 사무직임을 밝히고 있다. 새롭게 창출되는 일자리 200만 개는 주로 비즈니스 재무관리, 컴퓨터, 수학, 건축, 공학 및 판매

등의 분야에서 오며, 결과적으로 5년 동안 510만 개의 일자리가 감소할 것으로 보고하고 있다.

일자리의 세계를 사람과 인공지능을 가진 기계와의 제로섬 게임zero-sum game으로 본다면, 인공지능을 가진 기계가 사람의 일자리를 가져가므로 사람의 일자리는 축소된다. 하지만 사람과 인공지능을 가진 기계와의 관계를 논제로섬 게임non-zero-sum game으로 본다면, 사람의 일자리는 줄어들지 않고 오히려 늘어날 수 있다. 즉, 세계경제포럼 보고서WEF, 2016에 나타난 바와 같이 제로섬 법칙이 적용되는 일자리가 있고, 논제로섬 법칙이 적용되는 일자리가 있다. 그러므로 청소년은 향후 미래에 인공지능을 가진 기계와 논제로섬 법칙이 적용되는 분야에서 일할 수 있는 능력을 갖추어 나가야 한다.

2) 세계는 거대한 하나의 기계와 같이 된다

켈리Kelly, 2007는 2020년 무렵 세계는 웹web이 운영체계Operating System: OS로 작동하는 거대한 하나의 기계와 같이 될 것이라고 이야기하였다. 모든 개인, 집단, 공동체, 사회, 국가 간의 연결이 극대화되고, 모든 사물이 사람과 정보를 주고받을 수 있도록 연결되면 수많은 크고 작은 점개체이 네트워크라는 선에 의해 연결되어 서로 영향을 주고받는 복잡한 기계와 같이 될 것으로 보았다. 이것은 인간의 두뇌가 신경망이라는 연결체계를 통해 정보를 주고받으며 종합적으로 판단하고 인체에 필요한 조치를 취하는 것과 흡사하다고 하였다.

현재 국내는 물론 인근 지역단위 경제권역별로 많은 시장이 존재하지만, 이미 전 세계는 글로벌 기업들이 대기업과 중소기업들을 연결하고 있다. 또한 여기에 노동자들이 연결되어 거대한 하나의 생산체제를 갖춤으로써 글로벌 공급체인을 이루고 있는 현실을 보면 충분히 그렇게 될 것을 예견할 수 있다. 국가 간에 존재하는 수많은 양자 또는 다자 간 안보동맹, 자유무역지대 등은 바로 국가 간에 서로를 연결하고 있는 네트워크이다. 필요할 경우 국가 간에 상대국 통화를 잠시 빌리는 통화스왑currency swap이나, 기업 간 인수합병 시 주식을 서로 맞바꾸는 주식스왑stock swap도 경제위기에 대처하기 위한 하나의 연결 장치이다.

전체의 한 부분이 무너지면 도미노 현상과 같이 다른 부분이 연쇄적으로 타격을 받게 된다. 결과적으로 전체가 무너지는 경우를 막기 위해 이러한 장치를 통해 약한 부분이 무너지지 않도록 도와주는 것이다. 유엔, 국제통화기금International Monetary Fund: IMF과 세계은행World Bank 등 많은 국제기구가 이러한 역할을 수행하고 있다. 이것은 전체가 서로 영향을 주고받도록 연결되어 있음을 의미한다. 이때 모든 연결을 결정짓는 핵심 변수는 서로 간에 존재하는 이해understandings와 이해관계interests, 신용credits의 정도일 것이다.

이해와 이해관계, 신용이 높으면 더 크고 단단한 연결로 이어진다. 개인, 집단, 공동체, 사회 및 국가 간의 연결이 극대화되면 자연스럽게 상호의존성이 증대한다. 사람들은 과학기술이 발달하여 외계로 나가지 않는 한, 제한된 지구 공간 속에서 서로 다른 문화권의 사람들과 더불어 살아갈 수밖에 다른 방법이 없다. 우리가 예상하지 못한 소위 '브렉시트와 트럼프 현상' 등은 그동안 국가 간 장벽을 없애거나 낮추는 글로벌화 과정에서 이해관계가 낮기 때문에 제도적으로 보호받지 못하고 소외되었던 '을'들의 욕구가 분출된 결과이다. 이 욕구를 정치적 문제해결 방법인 투표를 통해 반영하는 과정에서 예상하지 못한 현상이 나타난 것으로 볼 수 있다.

이와 같이 4차 산업혁명에서 가장 중요한 특징은 초연결성hyper connected에 있다. 초연결 시대의 가장 중요한 가치는 국가, 사회, 공동체, 집단 그리고 개인 간에 연결을 가능하게 하는 신뢰이다. 이것은 경제의 바탕이 신뢰인 것과 같다. 교육에서 신뢰의 중요성이 한층 더 강조되어야 하는 이유이다.

3) 돈보다 신용이 더 중요해진다

4차 산업혁명에서 두 번째로 중요한 특징은 공유경제 체제sharing economy system의 대두이다. 이것은 카풀carpool 등과 같이 제한된 자원을 적절한 수준에서 공유하는 것이 서로에게 이익이라고 보는 생각이 공감을 얻으면서 생기는 현상이다. 미래사회는 자본주의 경제가 중시하는 사적 소유의 개념이 약화되고, 모든 서비스가 사람이 접근할 수 있는 수준의 싼 값으로 또는 무료로 제공되는 공유경제 체제로 변화할 것으로 예상된다Rifkin, 2015.

사물인터넷이 한계비용을 제로 수준으로 떨어지게 할 것으로 예상되고, 빅데이터, 3D 프린터 등으로 생산비용이 떨어질 것으로 예상된다. 이와 같이 재화와 서비스가 거의 공짜 수준으로 제공되는 과정에서 자본주의를 넘어서는 공유경제 체제가 자리 잡아 갈 것으로 예상된다. 마치 온라인상에서 웹을 통해 모든 가치 있는 서비스가 무료로 제공되고 있는 것과 같다. 예를 들어, 차를 사지 않고도 필요하면 언제든지 빌려서 탈 수 있도록 제공되는 시스템이 정착되고 있다.

이 과정에서 특히 중요한 것은 사람을 신뢰할 수 있느냐 없느냐 하는 것이다Rifkin, 2015. 신뢰할 수 있는 사람, 기관, 집단, 사회, 국가 간에는 연결과 공유가 더 강해지고, 그렇지 않은 경우에는 그 반대 현상이 나타나 개인과 사회의 양극화가 심해질 수 있다. 따라서 신용이 좋으면 모든 부문에 연결되고 정보를 공유할 수 있지만, 신용이 없으면 필요한 정보에 접근할 수 없으며, 공유할 수 없다. 즉, 화폐보다 신용이 중요한 사회가 될 것이다.

하지만 다른 사람의 신용에 대한 정보를 얻기 위해서는 자신의 신용 정보를 노출시켜 다른 사람과 나눌 수 있어야 한다. 마치 구글에 우리나라 지도 정보를 제공해야 더 많은, 좋은 서비스를 제공받을 수 있는 것과 같다. 신용은 사람 사이의 신뢰를 기반으로, 그리고 기록으로 나타나는 신용지수의 영향을 받을 것이다. 개인과 국가는 자신의 신용지수를 높이면 보다 강하고 튼튼한 네트워크를 구축할 수 있다. 이에 따라 정직하고 투명하며 공정한 행동을 통해 대외적으로 신뢰를 확보할 수 있도록 하는 교육의 중요성이 더 커진다.

2. 과학기술의 발전 과정과 4차 산업혁명

　교육은 미래사회에 대한 예측과 전망을 바탕으로 해야 하지만, 미래사회를 전망하거나 예측하는 일은 쉽지 않다. 그 이유는 점진적으로 발전해 나가는 분야는 예측이 가능하지만 급진적으로 발전해 나가는 분야는 예측하기 어렵기 때문이다. 예측하기 어려운 미래는 대부분 과학기술의 급진적인 발달로부터 온다. 과학기술은 [그림 2-1]과 같이 서서히 발전하다 새로운 기술의 개발에 의해 갑자기 수직 상승하는 변화를 가져 오는, 이른바 S자 또는 ∫자 형태로 발전한다Gingrich, 2002; 김태완, 2013.

　과학기술 분야에 익숙하지 않은 일반인은 미래사회가 어떻게 발전해 나갈지 잘 파악하지 못하는 경향이 있다. 그러므로 지금까지의 과학기술의 발전 과정을 살펴보고, 앞으로 과학기술이 어떻게 발전해 나갈지를 예측해 보는 일은 미래교육을 구상하는 과정에서

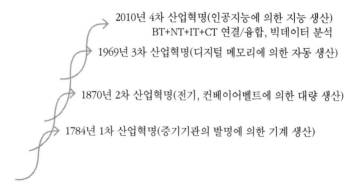

2010년 4차 산업혁명(인공지능에 의한 지능 생산)
BT+NT+IT+CT 연결/융합, 빅데이터 분석
1969년 3차 산업혁명(디지털 메모리에 의한 자동 생산)

1870년 2차 산업혁명(전기, 컨베이어벨트에 의한 대량 생산)

1784년 1차 산업혁명(증기기관의 발명에 의한 기계 생산)

[그림 2-1] 1, 2, 3, 4차 산업혁명의 전개 과정

기본적으로 거쳐야 하는 필수 과정이라고 할 수 있다.

18세기 후반부터 시작된 1차 산업혁명은 그동안의 수제 생산으로부터 '기계 생산'의 길을 열었다. 증기기관과 물의 힘을 이용하여 기계를 움직여 생산하였다. 이에 따라 수제 직조기로 생산하던 섬유를 새로 개발한 방직기로 생산하는 등 다양한 기계장비가 만들어지고 활용되었다. 기계 생산은 그동안 손으로 생산하던 신체적인 한계를 넘어서기 때문에 중후하고 장대한 생산품을 만들어 낼 수 있게 하였다. 대형 댐을 만들어 농작물 재배를 위한 관개시설 설치 및 수력을 이용한 발전을 가능하게 하였으며, 석탄을 사용하는 화력 발전을 하여 제품을 생산할 수 있게 되었다.

19세기 후반부터 시작된 2차 산업혁명은 전기를 사용하여 '대량 생산'의 길을 열었다. 24시간 제공되는 전기와 컨베이어벨트 시스템을 이용해 쉬지 않고 일할 수 있게 되었으며, 새로 개발된 분업 시스템을 통해 대량생산이 가능해졌다. 석탄보다 더 편리한 석유는 발전과 에너지 생산에 크게 기여하였다. 이에 따라 석유 자원은 국가의 다양한 지하자원 중에서 가장 중요한 자원으로서 국제적인 분쟁을 일으키는 주요한 원인이 되고 있다. 대량생산을 위한 대규모 공장의 가동은 종사자들의 자녀들을 집단적으로 보호하고 노동 인력을 양성하는 기관으로서의 학교가 크게 발전하게 하는 계기가 되었다. 학교는 이와 같이 노동 인력을 대량생산하는 사회경제 체제의 일부로 자리 잡게 되었으며, 그 틀이 현재까지 그대로 유지되고 있다.

20세기 후반부터 시작된 3차 산업혁명은 전자 및 정보 기술의 발달로 인해 '자동 생산'을 할 수 있는 길을 열었다. 컴퓨터로 대표되는 전자기기들과 발전된 정보 기술 및 프로그램을 통해 기계에 명령할 수 있게 됨으로써 자동 생산이 가능해졌다. 3차 산업혁명을 디지털혁명이라고 하는 이유는 디지털화되어 기억된 프로그램이 사람을 대신하여 자동적인 제어 기능을 수행함으로써 기계를 움직이고 24시간 지속적인 생산을 할 수 있도록 하기 때문이다.

21세기 초반부터 진행되고 있는 4차 산업혁명은 정보, 바이오, 나노 등 다양한 분야의 테크놀로지의 강력한 네트워크를 통해 이종異種 산업을 만들어 내는 사이버 물리 시스템Cyber-Physical Systems의 출현을 가져왔다. 젊은이들이 즐기는 포켓몬고 게임은 가상과 현실 세계가 동시에 존재하도록 하는 사이버 물리 시스템을 활용하는 게임이다. TV에서 일기예보를 할 때 우리는 현실과 가상이 동시에 존재하는 모습을 본다.

실제와 가상의 통합으로 사물들이 자동적·지능적으로 제어되는 사이버 물리 시스템이 구축되는 '지능 생산' 시대가 도래하였다. 예를 들어, 인공지능에 의한 자율 운영, 즉 스마트홈, 스마트그리드 같이 사람이 개입하지 않고 에너지 효율 등을 고려하여 기계 스스로 제어하고 작동하는 하나의 자율 운영 체제를 말한다. 무인 자율주행 자동차의 개발을 통해 편리한 생활을 할 수 있도록 하는 사업도 이러한 시스템을 개발하기 위한 것이다.

4차 산업혁명은 3차 산업혁명인 디지털혁명이 발전하여 여러 개의 다른 분야들이 융합을 통해 새로운 시스템을 만들어 냄으로써 질적 변화를 가져오는 것을 말한다. 그러므로 제4차 산업혁명은 다음과 같은 세 가지 특징을 갖는다. 첫째, 사람과 사람은 물론 사람과 사물, 그리고 사물과 사물이 인터넷 통신망으로 연결되고자동화와 연결의 극대화, 둘째, 서로 다른 지식과 정보가 연결되어 생성되는 빅데이터를 분석함으로써 일정한 패턴을 파악하고인공지능과 집단지성의 극대화, 셋째, 이러한 빅데이터의 분석 결과를 토대로 인간의 행동을 예측할 수 있도록 하는 일인간 행동 예측 가능성의 극대화 등이다.

최근 실제로 해외 언론에는 로봇 기자가 작성한 기사가 실리고, 증권가에는 로봇 증권 분석사가 작성한 주가 관련 기사가 올라오고 있다. 여러 국가의 언어로 번역하는 로봇도 있고, 대학에서는 로봇 조교가 학부생들의 질문에 답하고 교수의 수업 진행을 도와주는 일이 일어나고 있다. IBM이 만든 인공지능 의사인 왓슨Watson은 국내에서 암환자의 치료 계획을 수립하는 과정에 참여하여 의사를 돕는 일을 성공적으로 하기 시작했다.

나이가 많은 사람의 호흡, 맥박, 활동 등을 확인하여 건강 유지에 적절한 도움을 주는 사물 인터넷 기기가 나오고 있다. 사용자의 취향, 주요 식사 습관, 건강상 유의점 등을 고려하여 쇼핑을 도와주는 냉장고도 나오고 있다. 드론은 오지에 근무하는 사람에게 필요한 물품을 배달할 뿐 아니라 공중 촬영을 통해 방송, 영화, 보안 등 여러 분야에서 많은 도움을 주고 있다. 유전체 분석을 통해 향후 예상되는 질병을 전망하고 예방하도록 하는 서비스와 실시간 도로 혼잡 상황을 분석하여 알려 줌으로써 운전자를 도와주는 내비게이션위성 위치 확인 시스템, Global Positioning System: GPS 서비스가 제공되고 있다.

과학기술의 발전은 앞으로 크게 두 가지 방향으로 나아갈 것으로 예상된다. 첫째, 현실세계real, offline world의 문제를 해결하기 위해 관련된 데이터를 가상세계vertual, online world에 구축함으로써 현실세계와 가상세계를 1대1로 매치시킨다. 둘째, 가상세계에 구축된 빅데이터를 분석하여 문제의 해결방안을 만들고, 가상세계에서 만들어진 해결방안을 현실세계에 적용하여 문제를 해결한다.

이 과정에서 인터넷과 사물인터넷IoT은 오프라인의 정보와 데이터를 온라인으로 옮기고, 온라인에서 만들어진 해결방안을 오프라인으로 옮기는 역할을 수행한다. 그리고 온라인에서 빅데이터를 분석하고 해결방안을 만드는 일은 인공지능AI이 수행한다. 이론적으로나 실제적으로 오프라인에 존재하는 은행, 정부, 학교 등을 온라인에 만들어 그 기능을 수행하도록 할 수 있게 된다. 온라인에 존재하는 기능들은 모든 사람이 시간적·공간적인 제약을 받지 않고 이용할 수 있다.

이와 같은 과학기술의 발전은 일상생활의 변화를 가져오고 있다. 최근 직장을 가진 부모가 학교에 다니는 자녀와 함께 잠시 일과 공부를 쉬면서 1년씩 해외여행을 즐기는 내용을 다룬 뉴스를 심심치 않게 볼 수 있다. 공부해야 하는 청소년과 일해야 하는 부모가 함께 여가를 즐기는 것이다. [그림 2-2]는 현재와 미래사회의 생애 과정을 보여 준다. 즉, 현재 청소년기에 교육을 받고, 중년기에 노동하여 생산을 하고, 노년기에는 여가를 즐기는 구조로 생각할 수 있다. 대부분의 사람은 이런 생애 과정을 경험한다.

하지만 미래에는 연령에 관계없이 평생에 걸쳐 교육을 받고, 노

[그림 2-2] 현재와 미래사회의 생애 과정

자료: Riley & Riley (1994).

동과 생산을 하고, 여가를 즐기는 생애 과정을 경험한다는 것이다. 과거에는 쉽게 상상하기 힘들었던 모습이다. 하지만 현재 소수이 긴 하지만 일부의 사람에게는 연령에 구애받지 않고 공부하고 일 하고, 여가를 즐기는 생활이 자연스럽게 받아들여지고 있음을 볼 수 있다. 매우 큰 일상생활의 변화가 아닐 수 없다. 이와 같은 생애 과정 속에서 학교교육도 과거에 비해 시간과 공간의 제약을 덜 받 는 열린 구조를 갖게 될 것이다. 따라서 학교교육도 이러한 환경 변화를 예상하면서 운영할 필요가 있게 되었다.

3. 산업혁명 시대별 교육환경의 변화

앞에서 살펴본 바와 같이, 현재 우리는 과학기술의 발전 수준 면에서 4차 산업혁명을 예고하는 시대에 살고 있다. 그러나 교육 부문에서는 대량생산 시스템을 바탕으로 하는 2차 산업혁명 시대에 머물러 있으며, 우리의 의식도 2차 산업혁명 시대의 수준에 머물러 있다. 그러므로 우리의 의식과 교육체제를 개혁하여 3, 4차 산업혁명 시대에 맞는 교육을 해야 한다. 〈표 2-1〉은 1, 2차 산업혁명 시대와 3, 4차 산업혁명 시대의 주요한 차이를 간단하게 정리하고 있다.

〈표 2-1〉은 우리 사회가 수직적인 사회로부터 수평적인 사회로 발전해 나가면서 옳고 그름에 대한 판단을 중요하게 고려해야 하는 시대에 살고 있음을 보여 준다. 따라서 좋은 대학과 회사에 들어가는 것보다 실제 생활에서 다른 사람과 더불어 살아가는 능력이 중요함을 일깨워 준다. 〈표 2-2〉는 2차 산업혁명 시대의 공장형 대량생산 모델과 같은 현재의 학교, 그리고 모든 개인의 욕구와 필요, 능력과 수준을 고려하여 개별화된 맞춤형 교육을 해야 하는 미래학교를 비교, 설명하고 있다.

현재 학교는 〈표 2-2〉에서 보는 바와 같이 2차 산업혁명 시대에 하던 대량생산식 교육을 하고 있다. 그러나 미래학교는 개인의 필요와 욕구, 능력과 수준을 고려하여 개별화된 맞춤형 교육을 해야 한다. 하지만 학교는 여전히 아는 것을 중시하고 시험을 통해 이를 확인하는 시스템을 가지고 있다. 향후 미래학교는 아는 것도 중요하지만 아는 것을 표현하고 전달하며 새로운 산출물을 생산할 수 있는 능력을 기르는 것에도 가치를 두어야 한다.

〈표 2-1〉 1, 2차 산업혁명 시대와 3, 4차 산업혁명 시대의 주요 차이점

구분	1, 2차 산업혁명 시대	3, 4차 산업혁명 시대
세상과 연결	• 시간과 공간의 제약으로 인해 원하는 세상과 실시간 연결되지 않음	• 스마트폰 등을 통해 원하는 세상과 실시간 연결됨
지식과 정보	• 지식과 정보를 공유하기 어려움 • 기존 지식과 정보의 전달이 중요함	• 지식과 정보를 가상의 공간에 저장할 수 있으므로 쉽게 공유할 수 있음 • 새로운 지식과 정보의 창출이 중요함
의사소통	• 신문, 방송 등을 통해 제한적 · 일방적으로 소통함	• 다양한 SNS 매체를 이용해 대량 · 다중 · 쌍방 · 선별 소통이 가능
사회적 관계와 정의론적 인식	• 나이나 사회경제적인 위치를 중요하게 생각하기 때문에 사회적인 관계가 수직적이며, 따라서 평등을 바탕으로 하는 정의론적 인식이 발달하지 않음	• 나이나 사회경제적인 위치를 중요하게 생각하지 않음으로써 사회적인 관계가 수평적으로 되고 정의론적 인식이 중요하게 대두됨 • 정의론적 인식이 강조되면서 가치와 의미의 중요성이 부각됨
데이터와 분석 방식	• 한 분야의 데이터를 아날로그 논리 회로에 기초하여 일련식 · 계단식으로 분석함	• 다양한 분야의 연결에 의해 만들어진 빅데이터를 디지털 논리 회로에 기초하여 구조적 · 나선형적으로 분석함
필요한 역량	• 선별 시스템을 통과할 수 있는 능력(좋은 대학에 들어가고, 좋은 회사에 취업하는 능력)	• 6Cs: 소통, 협업, 비판적 사고, 창의성, 인성(character), 시민의식 등 21세기 핵심역량
기초능력	• 3R(읽기, 쓰기, 셈하기)	• 4R(읽기, 쓰기, 셈하기, 프로그램 만들기)
코딩교육	• 컴퓨터가 없었기 때문에 코딩교육을 하지 않아도 됨	• 코딩교육이 중요함(컴퓨터를 생산에 활용하기 위해 SW 교육이 필수적임)

자료: 김태완(2015).

〈표 2-2〉 현재학교와 미래학교의 비교

구분	현재 학교 (2차 산업혁명 시대의 학교)	미래학교 (3, 4차 산업혁명 시대의 학교)
학교에 대한 인식	• 학교는 공장형 대량생산 모델 • 효율성 측면에서 학교는 커도 문제가 되지 않음	• 학교는 모든 개인의 욕구와 필요, 능력과 수준을 고려하여 개별화된 맞춤형 주문생산식 모델로 발전 • 작고 안전한 학교
학생에 대한 인식	• 학생은 미성숙한 개체이므로 지도·감독해야 함	• 학생을 인격을 가진 개인으로, 또한 전체의 일원으로 사회에 기여할 수 있는 존재로 인식함
교과목 접근 방법	• 일련론적·나열식 접근인 개별 교과목적 접근	• 전체론적 접근인 STEAM 등 통합 교과목적 접근
학습에 대한 이해	• 독서를 통한 학습(아는 것을 시험에서 보여 줄 수 있으면 되기 때문에 훈련이나 체험을 통해 체화할 필요가 없음) • 피상적인 겉핥기식 탈맥락적 학습으로 단순 지식의 암기 방법이 효과적임	• 독서와 경험을 통한 학습(아는 것을 말과 글, 다양한 매체를 통해 표현·전달·설득하는 것을 중요하게 생각하므로 훈련이나 체험을 통해 체화하는 것이 중요함) • 전후좌우 맥락을 알게 해 주는 맥락적 학습이 중요하며, 깊은 이해를 할 수 있도록 해 주는 스토리텔링이 효과적인 학습 방법임
사고에 대한 이해	• 일상생활이나 사회와 분리된, 탈맥락적 학습을 해도 알기만 하면 되므로 맥락적 사고를 중요하게 생각하지 않음 • 개체적인 지식과 사실을 암기하고 알고 있는지를 확인하는 것이 중요하므로 시스템적 사고가 중요하지 않음	• 일상생활과 관련시켜 사회의 다양한 맥락과 다양한 이해관계를 꿰뚫어 파악하는 맥락적 사고를 중시함 • 전체를 구성하고 있는 크고 작은 시스템이 개별적으로, 또한 서로 연관되어 작동하는 메커니즘을 이해하는 시스템적 사고가 중요함, 또한 주어진 시스템을 넘어서는 탈시스템적 사고도 중요함

자료: 김태완(2015).

4. 미래교육의 방향

미래교육은 어떤 방향으로 나아가야 할까? 지금까지 살펴본 미래사회의 전망과 교육환경의 변화를 기초로 다음 다섯 가지 방향을 제시할 수 있다. 첫째, 바른 마음을 길러 주어야 한다. 둘째, 인공지능 활용 능력을 길러 주어야 한다. 셋째, 심층학습을 해야 한다. 넷째, 창업지향적인 교육을 해야 한다. 다섯째, STEAMScience, Technology, Engineering, Arts, and Mathematics과 같은 융합교육으로 가야 한다.

1) 바른 마음을 길러 주어야 한다

예상하기 어려운 부카월드 시대를 대비하여 미래 세대를 어떻게 교육하는 것이 좋은가? 미래교육에서 가장 중요한 것은, 먼저 미래 세대에게 바른 마음을 길러 주는 일이다. 하이트Haidt, 2014는 사람을 움직이는 가장 강력한 힘은 바른 마음righteous mind이라고 강조하였다. 반석과 같이 바른 마음을 가진 사람은 정직하고 투명하며 이해관계에 따라 어느 한쪽으로 기울어지지 않는다. 이런 사람은 다양한 배경을 가진 많은 사람과 네트워크를 형성하고 협력하여 일을 하는 데 문제가 없다.

하지만 바른 마음을 가지지 않은 사람은 비슷한 성향을 가진 사람들과 비정상적인 일을 할 수밖에 없기 때문에 사회적으로 문제를 일으킬 수 있다. 많이 배우고 지위가 높고 돈이 많지만 마음이 바르지 않은 일부 사람이 사회적으로 큰 문제를 일으키는 것을 보아도 바른 마음이 얼마나 중요한지 알 수 있다. 바른 마음은 건축물이 지면과 수평을 이루는 것에 비유할 수 있다. 새 건축물을 높이 올릴 때, 매 층마다 지면과 수평임을 확인하고 다음 층을 계속해서 올린다. 지면과 수평을 이루지 못하는 건축물은 안전문제로 인해 높이 올릴 수가 없다.

최근 우리 사회에서는 공정성을 중요하게 생각하는 정의론적 인식이 강하게 확산되고 있다. 2010년 국내에 소개되어 큰 반향을 일으킨 마이클 샌델Michael J. Sandel의 『정의란 무엇인가?Justice: What's the right thing to do』이창신 역, 2010라는 책이 200만 부가 팔리고, 샌델의 특강이 사회의 주목을 끌었던 사실은 무엇을 말해 주는가? 우리 사회는 그동안 나이나 사회경제적 위치를 중요하게 고려하던 수직적 사회관계로부터 벗어나 나이나 사회경제적 위치에 상관없이 모든 사람이 평등하다고 생각하는 수평적 사회관계로 발전하고 있으며, 따라서 국민이 원하는 정의로운 사회는 지위의 고하를 막론하고 모든 개인이 바른 마음을 갖는 것으로부터 실현될 수 있다.

바른 마음은 가짜 뉴스와 정보의 범람 속에서 어떤 정보를 믿어야 하는지, 무엇이 옳고 그른 일인지, 어떻게 하는 것이 좋은지 갈피를 잡기 힘든 사회를 살아가는 데 가장 중요한 인성이라고 할 수 있다. 즉, 변동적이고 불확실하고 복잡하면서 모호한 21세기, 부카월드 시대를 살아가는 데 가장 필요한 인성이다. 국제사회에서도 부유한 강대국의 힘에 흔들리지 않고 중심을 잘 잡고 나아가는 스위스와 같은 국가가 국내는 물론 이웃 국가의 국민으로부터 존경

받고 신뢰를 얻는다.

　사람과의 신뢰를 기본으로 하는 미래 신용사회에서는 바른 마음을 갖도록 교육하는 것이 가장 중요한 인성교육임을 인식할 필요가 있다. 바른 마음은 미래교육에서 중시하는 사회정서학습을 통해 기를 수 있다. 사회정서학습은 자신과 다른 사람의 감정·정서를 인지하고 정직하고 투명하게 행동하도록 함으로써 바른 마음을 길러 준다. 미래교육은 이와 같이 전통적인 인지 능력은 물론 다른 사람과 협력하여 일할 수 있는 비인지 능력을 길러 주는 것을 중요한 과제인 동시에 방향으로 생각한다.

2) 인공지능 활용 능력을 길러 주어야 한다

　미래교육에서 중요한 두 번째 방향은 인공지능을 활용할 수 있는 능력을 길러 주는 일이다. 미래사회는 사람과의 소통도 중요하지만 기계와의 소통이 중요한 시대가 될 것이므로 코딩 능력은 기존의 3R읽기, 쓰기, 셈하기과 같은 수준의 기본적인 능력이 된다. 정부는 2018년부터 초등학교 17시간, 중학교 34시간, 고등학교는 선택으로 코딩교육을 하기로 하였으나, 이 정도로는 매우 부족하다. 영국은 2014년부터 유치원 및 초·중·고등학교에서 매주 1시간씩 코딩교육을 실시하고 있으며, 미국은 2015년부터 초·중·고등학교에서 코딩교육을 의무화하고 있다.

　켈리2016는 향후 테크놀로지의 발달로 인해 모든 생산품이 완제품으로 나오기보다 인터넷을 통해 제공되는 인공지능을 추가함으로써 제품의 기능이 계속해서 향상될 수 있는 상태로 생산될 것으로 예측하고 있다. 기술의 발달과 자동화로 인해 사람이 하는 일 중에서 가장 먼저 기계로 대체될 수 있는 분야는 중급 기술을 필요로 하는 분야, 즉 도서 정리, 사무적인 일, 조립 라인의 반복적인 일 등이다. 그러나 창의성과 문제해결을 요구하는, 특히 컴퓨터를 활용하여 일하는 고급 기술 직종은 더 늘어날 것이다Autor, 2015. 세계경제포럼 보고서WEF, 2016에서도 인공지능을 활용하는 기술 직종 분야에서 새롭게 일자리가 창출된다고 보고하고 있다.

향후 인간이 할 수 있는 일은 크게 두 분야로 나눌 수 있다. 첫째, 예체능 분야와 같이 기계가 하기 어려운 일을 하는 것과, 둘째, 기계가 일을 하도록 시키는 일을 하는 것이다. 정형화되고 반복적인 일은 기계에 의해 쉽게 대체되고, 비정형화되고 비반복적인 일은 기계가 쉽게 대체하기 어렵다. 주로 연구, 개발, 디자인, 마케팅과 세일즈, 세계적인 공급체인 관리 등 창의적인 능력을 필요로 하는 일들은 부가가치가 높고 인공지능이 대체하기 어려운 점이 있기 때문에 대부분 선진국에서 수행하고 있다National Center on Education and the Economy, 2007.

우리는 알파고를 통해 인공지능의 연산능력이 인간을 앞서는 것을 보았다. 앞으로 인공지능은 연산 분야뿐만 아니라 인간이 가지고 있는 창의적인 능력과 정서적인 감성 능력에까지 그 영역을 확장해 나갈 가능성이 있다. 하지만 인공지능을 만드는 것은 인간이기 때문에 결국 인간이 주도적인 위치에 있게 된다. 마치 인간이 만든 대규모 살상 무기가 인간을 파괴할 수도 있지만, 인간의 통제를 받아 세계질서를 유지하는 데 기여하도록 사용되고 있는 것과 같다. 또한 인간이 만든 돈이 인간을 돈의 노예가 되도록 하고 힘들게 하는 면도 있지만, 궁극적으로 인간을 위해 존재하도록 통제되고 있는 것과도 같다고 할 수 있다.

3) 심층학습을 해야 한다

캐나다 온테리오 주의 토론토에서 학교교육을 성공적으로 이끌고 있는 풀란과 랭월시Fullan & Langworthy, 2014는 미래교육의 방향을 잘 제시하고 있다. 그들은 아는 것을 중시하는 학습으로부터 깊이 이해하고, 새로운 지식을 만들어 낼 수 있는 심층학습deep learning으로 발전해 나가야 한다고 주장한다.

그들은 심층학습의 목적은 핵심역량으로 불리는 인성교육 Character Education, 시민의식Citizenship, 의사소통Communication, 비판적 사고와 문제해결 능력Critical Thinking & Problem Solving, 협업Collaboration, 창의성과 상상력Creativity & Imagination을 길러 주는 것이며, 이 핵심역량들이 새 지식을 만든다고 주장한다.

그들은 심층학습이 가능한 교수법을 기존의 콘텐츠 숙지를 위한 교수법과 차별화하여 '새 교수법New Pedagogies'이라고 부른다. 즉, 새 지식을 만들 수 있는 핵심역량을 길러 주는 심층학습이 '새 교수법'을 통해 가능한 것이다. 그들의 '새 교수법'에 의하면, 교사와 학생 모두 교수자인 동시에 학습자가 된다.

궁극적으로 이 교수법은 학생들이 실제 생활에 더 많이 참여하고 연계되게 하는 교수법이다. 그러므로 교사는 심층학습의 디자이너이며, 학습의 동반자이고, 지역사회 개발자인 동시에 연결자의 역할을 해야 한다고 하였다. 풀란과 랭월시가 말하는 '새 교수법'은 제4장에서 소개할 하브루타학습Havruta Learning과 프로젝트학습에 잘 반영되어 있다.

필자는 현재 우리가 하고 있는 학습을 많이 아는 것을 중시하는 표층학습surface learning이라고 명명한다. 동시에, 미래교육은 많이 알면서, 균형 있게 바로 알고, 깊이 이해하며, 새로운 산출물을 생산할 수 있는 심층학습deep learning으로 나아가야 한다고 생각한다. 심층학습은 전통적인 인지 능력은 물론 미래교육이 지향하고 있는 비인지 능력을 동시에 길러 준다. 현재의 표층학습을 심층학습으로 바꾸는 것은 가히 학습혁명이라고 할 수 있을 정도로 어렵고 힘든 일이다.

미래교육의 방향은 분명히 심층학습을 향하고 있으며, 그렇게 나가야 한다. 특히 인공지능 시대의 교육은 종래와 같이 지식을 전수하고 그것을 아는지 확인하는 것으로는 부족하다. 미래 인재는 새로운 지식을 창출하고 새로운 산출물을 만들어 낼 수 있어야 한다. 〈표 2-2〉에 기초하여 학교교육의 핵심인 학습과 수업 그리고 평가 방식 등을 정리하면 〈표 2-3〉과 같다.

〈표 2-3〉에서 제시하고 있는 미래교육을 위한 수업 방식인 거꾸로학습, 온라인학습, 하브루타학습, 프로젝트학습 등은 제4장에서 자세하게 소개하고 있다. 이들 수업 방식은 심층학습을 가능하게 하며, 미래 핵심역량으로 불리는 6Cs, 즉 의사소통Communication,

<표 2-3> 현재교육과 미래교육의 방향

구분	현재교육	미래교육의 방향
학습 방식	표층학습: 많이 아는 능력을 중시함	심층학습: 많이 알면서 균형 있게 바로 알고, 깊이 이해하고, 새로운 산출물을 만들어 낼 수 있는 능력을 중시함
수업 방식	강의식 수업(지식 전달 중심)	심층학습이 가능한 수업(거꾸로학습, 온라인학습, 하브루타학습, 프로젝트학습 등 지식의 이해와 활용 중심)
평가 방식	선다형 등 객관식 양적 평가 (모던식 사고에 기초)	기술형 등 주관식 질적 평가(포스트모던식 사고에 기초)

협업Collaboration, 비판적 사고Critical Thinking, 창의성Creativity, 인성 Character, 시민의식Citizenship 등을 길러 줄 수 있다.

4) 창업지향적인 교육을 해야 한다

우리나라가 가지고 있는 문제 중 가장 심각한 문제는 저출산과 사회 양극화 등의 문제를 들 수 있으며, 그 배경에는 청년실업의 문제가 자리 잡고 있다. 기계를 이용한 자동화가 진전되고 개발도상국의 근로자들이 유입되면서 능력을 제대로 갖추지 못한 청년들이 취업하기 어려워지고 있다. 취업을 하지 못하는 청소년들이 결혼과 출산 등을 포기하는 이른바 3포 세대가 화제의 대상이 되고 있다. 이들에게 취업은 바로 결혼과 출산으로 연결되기 때문에 저출산과 사회 양극화 문제를 해결하는 첩경이라고 할 수 있다.

한편, 현재 대부분의 선진국에서는 공부도 싫고 일하기도 싫은 청소년·청년, 즉 니트Not in Education, Employment, or Training: NEET 문제를 해결하기 위해 많은 노력을 하고 있다. 니트는 짧게는 16세부터 24세까지, 넓게는 15세부터 34세까지의 청소년·청년 중에서 교육이나 취업을 하지 않고, 취업을 위한 직업훈련도 받지 않고 있는 청소년·청년을 지칭한다. 이들은 여러 가지 이유에서 공부와 취업, 취업을 위한 훈련 등 모든 것을 거부하고 있다.

우리나라에도 통계는 없지만 상당수의 청소년과 청년이 니트 상태에 있다. 그들은 아마 공부나 취업 등은 하기 싫고, 하고 싶은 일은 찾지 못하고 있을 수 있다. 이들에게 하고 싶은 일을 할 수 있도록 해 주는 것이 창업하도록 하는 것이다. 물론 창업이 취업보다 힘들고 어려운 부분이 있다. 하지만 좋아하는 것이 있다면 그것을 계속할 수 있도록 해 주는 면에서 창업할 수 있도록 안내해 주는 일은 매우 의미가 있고 시도해 볼 가치가 있다.

일자리는 제한되어 있거나 인공지능을 이용한 기계로 인해 줄어들고 있기 때문에 이러한 문제를 풀 수 있는 길은 청소년들에게 창업의 길을 열어 주는 것이다. 청소년들에게 필요한 창업 능력은 창의적인 능력과 한 가지 일을 끝까지 추진할 수 있는 배짱과 같은 기업가적 역량이다. [그림 2-3]은 우리나라 학생들의 수학 능력은 다른 국가에 비해 상대적으로 우수하지만 창업과 기업을 경영하는 등과 같은 모험적인 일을 하는 데 필요한 역량은 매우 낮다는 것을 보여 준다.

우리 교육의 중요한 문제점은 청소년이 지적 능력은 높지만 창업지향적인 시대에 적합한 기업가적 역량을 보여 주지 못하고 있

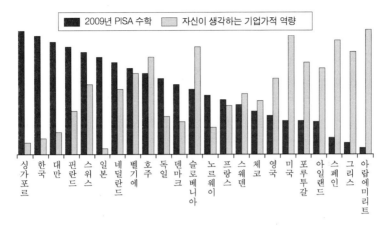

[그림 2-3] PISA 수학 성적과 청소년이 지각한 기업가적인 역량의 비교

자료: Zhao (2012).

는 것이다. 학부모와 교사들이 이 문제를 분명히 인식하지 못하고 이를 개선하려는 노력을 보이지 않고 있다. 이제 우리 교육은 미래 세대들이 새로운 창업 시대에 걸맞은 역량을 갖출 수 있도록 학교 교육을 개선해 나가야 한다.

(1) 창업지향적인 교육 패러다임으로 전환한다

우리 사회는 현재 취업지향 교육 패러다임에 머물러 있으며, 4차 산업혁명 시대를 대비하여 창업지향 교육 패러다임으로 발전해 나가야 한다. 미래 세대는 창업을 통해 새로운 일자리를 계속해서 만들어 나가야 한다.

[그림 2-4]와 [그림 2-5]는 현재의 취업지향 교육 패러다임과 미래의 창업지향 교육 패러다임의 차이를 보여 준다. 취업지향 교육 패러다임의 학교교육은 [그림 2-4]와 같이 개인차, 문화적 차이와

[그림 2-4] 취업지향 교육 패러다임

자료: Zhao (2012), pp. 149, 153을 일부 수정.

[그림 2-5] 창업지향 교육 패러다임

자료: Zhao (2012), pp. 149, 153을 일부 수정.

경제적 차이 등 인간의 다양성을 줄여서 취업할 수 있는 표준화된 능력을 갖추도록 하는 것을 목표로 하고 있다.

반면에 창업지향 교육 패러다임은 [그림 2-5]과 같이 개인차, 문화적 차이와 경제적 차이 등 인간의 다양성을 더 확장하여 창업할 수 있는 향상된 능력을 가진 인재로 발전시키는 것을 목표로 한다. 학생 개개인의 적성과 능력을 최대한 개발하여 새로운 일을 만들어 낼 수 있도록 해 주는 것이다. 창업·기업가 정신을 길러 주려면 어떻게 교육해야 할까? 심층학습을 통해 창조적인 사고를 길러 주고 새로운 일에 도전하거나 역경을 이겨 낼 수 있는 배짱을 길러 주는 것이다.

심층학습은 [그림 2-6]과 같이 맥락적Contextual 사고와 시스템적

[그림 2-6] 심층학습이 창업으로 발전하는 과정

사고/탈시스템적 사고 능력을 개발할 수 있도록 해 주며, 이러한 사고 능력은 바른 마음과 창조적인 사고를 가능케 하고, 창조적인 사고를 통해 새로운 지식과 정보, 산출물을 창출함으로써 결과적으로 창업까지 발전할 수 있도록 한다.

(2) 창업 · 기업가 정신의 핵심은 도전과 배짱이다

창업 · 기업가 정신의 핵심은 새로운 일에 도전하고 역경을 이겨 내는 배짱이다. 도전과 배짱은 사회정서 능력이다. 우리 인생에서 가장 중요한 행복은 사회정서 능력의 발달과 관련되어 있으며, 현재 우리 학교교육에서 소홀히 하고 있는 부분이다. 다른 사람의 따뜻한 마음은 가슴을 통해 전달되기 때문에 우리는 그 중요성을 너무나 잘 알고 있다. 누구나 좋은 일을 하며 가슴이 뛰는 경험을 해보았을 것이다. 그리고 사랑을 하면 자신의 가슴이 따뜻해지고, 때로는 불타오르는 느낌도 느껴 보았을 것이다.

두뇌는 생각으로 반응하고, 가슴과 배는 본능적인 느낌으로 반응한다. 불타는 도전 감정은 가슴으로 느끼고, 넘어져도 다시 도전하는 배짱은 배로 느낀다. 느낌으로 반응하는 것이 생각으로 반응하는 것보다 더 빠르고 강할 수밖에 없다. 가슴과 배는 감정, 정서,

무의식적 의사결정, 기억 등과 관계있다. 여기서는 그동안 우리가 잘 몰랐던 창업·기업가 정신 함양에 필수적인 배 또는 내장gut의 중요성을 강조하고자 한다.

① 배는 직감적인 반응을 한다

인간이 외부로부터 받은 자극은 모두 뇌와 척수로 들어간다. 생각이 필요한 반응은 뇌로 가서 생각하는 과정을 거쳐 반응하고, 생각 없이 즉각적인 반응이 필요한 것은 척수가 몸 전체를 통해 반사적으로 반응한다. 뜨거운 것을 감지할 때 몸을 움츠리거나 하는 이 즉각적인 반응이 내장에 연결되어 나오는 것은 정말 신기하다.

육감gut feeling, 본능적 반응gut reaction, 직감gut instinct, 폭소gut laughing, 배에 이상야릇한 느낌이 듦funny feeling in my belly, 불안할 때 갑자기 배가 아파지고 심지어 설사를 하는 것, 동의할 수 없는 느낌, 주의해야겠다는 느낌 등이 모두 내장에 연결되어 나오는 반응이다. 의학적으로 내장은 제2의 두뇌로 불린다.

내장은 머리에 있는 두뇌로부터 가장 적게 통제받는, 우리의 몸에서 두 번째로 큰 두뇌이다. 제2의 두뇌인 내장은 직감intuitive feeling, gut feeling의 중심적인 역할을 하는 중요한 기관이다. 예를 들어, 처음 만난 사람을 대할 때 느끼는 신뢰할 수 있는 좋은 느낌 또는 불편하고 나쁜 느낌, 불은 뜨겁고, 물은 몸을 젖게 하는 느낌, 비가 올 것 같은 느낌, 다친 사람을 무의식적으로 도와주는 행동, 어두운 골목을 피하는 행동 등을 일상생활에서 흔히 경험한다.

처음 보는 사람에게 홀딱 반하거나 빠져서 정신을 못 차리거나,

또는 눈에 콩깍지가 씌어 정상적인 사고기능이 마비되어 사물을 정확하게 보지 못하는 현상은 두뇌에서 이루어지는 생각보다는 몸 전체로 느끼는 감정의 인도에 의한 것이다. 좋아하는 이성이나 스타, 경기 관람이나 중계에 빠지거나, 좋아하는 운동, 댄스, 드라마, 영화, 음악, 그림, 게임에 빠질 수도 있다.

좋은 일이 생길 것 같은 예감, 막연한 두려움과 공포 등 중요한 감정의 변화를 느끼는 것, 이것은 몸에 있는 모든 세포가 동원되어 내린 결정이다. 심장, 폐, 콩팥 등 주요 장기에 연결된 교감신경과 부교감신경은 각 장기의 건강 상태에 따라 우리의 감정에 영향을 준다. 그러므로 가슴과 배는 이들 중요한 장기를 담고 있는 매우 중요한 신체 부위이다. 이와 같이 배는 사람의 감정뿐만 아니라 동기부여와 인식에까지 중요한 영향을 미친다.

우리의 의식을 결정하는 두뇌, 내장과 함께 세 번째 장기organ로서 내장 속에 사는 미생물microbe이 있다. 이 미생물은 우리의 의식을 결정하는, 잊힌 장기라고 불린다. 인체는 약 100조 개에 이르는 세포로 구성되어 있는데, 우리의 내장 속에는 세포 수의 10배에 이르는 미생물이 살고 있다. 이 미생물이 우리의 의식에 미치는 영향은 매우 크다. 미생물이 인체에 보내는 신호는 사람의 기분, 두려움, 인식, 통증 등의 기억과 감정은 물론 행동에까지 영향을 미친다. 인체에 이로운 미생물은 우리의 기분을 좋게 하지만, 해로운 미생물은 기분을 나쁘게 할 뿐만 아니라 건강을 해친다.

② 배는 도전과 재도전, 신체와 정신의 복원을 가능하게 한다

인생의 성공 과정에서 중요한 역할을 하는 용기, 배짱, 뚝심guts 등은 내장gut의 복수형 단어이다. 배는 몸의 중력의 중심이며, 사람의 모든 힘은 배에서 나오기 때문에 운동선수들은 배를 체력 훈련의 핵심으로 생각하고 단련한다. 성악가의 풍부한 성량도 배에서 나오므로 이들은 복식호흡 등으로 배를 훈련한다. 일반인은 배가 훈련되어 있지 않기 때문에 운동선수나 성악가와 같은 힘을 발휘하지 못한다. 배는 먹고 마시는 삶의 중심이며, 신체적·정신적으로 몸과 정신의 복원력과 관계가 있다. 오뚝이가 넘어져도 바로 일어나는 것은 무게중심이 아래에 있기 때문이다.

몸과 정신의 무게중심을 잡아 주는 것이 감정과 정서이며, 안정된 감정과 정서는 복원력이 강하지만, 불안한 감정과 정서는 복원력이 약하다. 안정된 감정과 정서는 대부분 출생 후부터 2세 정도까지 경험하게 되는 어머니와 보호자에 대한 신뢰로부터 나온다. 이 시기의 영유아는 자신이 배가 고프거나 대소변으로 불편할 때 어머니와 보호자로 대표되는 세상이 자신의 필요를 충족시켜 주고 사랑을 듬뿍 주면 세상을 신뢰하고 감정과 정서가 안정되게 발전한다. 반대로 자신의 불편을 해소해 주지 않고 사랑을 주지 않으면 세상에 대한 불신과 애정결핍으로 인해 감정과 정서가 불안해진다.

안정된 감정과 정서는 든든한 뱃심, 뚝심, 배짱을 유지시켜 주며, 어떤 일에 도전하였다가 실패해도 재도전할 수 있는 용기를 준다. '일곱 번 넘어지고 여덟 번 도전하여 성공한다.'는 7전8기七顚八

起나 '열 번 찍어 넘어가지 않는 나무는 없다.'는 속담은 도전과 용기의 중요성을 암시하고 있다.

이 도전과 재도전을 가능하게 하는 능력이 현대사회가 중요하게 생각하는 기업가정신entrepreneurship 또는 창업정신이다. 최근 미국 사회에서 베스트셀러가 되고 있는 『어린이는 어떻게 성공하는가How children succeed: grit, curiosity, and the hidden power of character』Tough, 2012의 핵심 내용은 어린이는 실패 경험과 이를 극복해 낼 수 있는 투지grit, 호기심curiosity 그리고 보이지 않는 성격의 힘hidden power of character을 통해 마침내 성공한다는 것이다.

투지, 호기심, 성격 등은 지적 능력이 아니라 사회정서적 능력이다. 예를 들어, 근대화 과정에서 선배 세대가 중동의 무더운 모래 바람을 이겨 낸 힘은 투지와 같은 불굴의 정신이다. 넘어져 보지 않고 자전거 타는 법을 익힐 수 없듯이, 실패가 바로 성공의 필수 요소이며, 끊임없는 재도전을 통해 성공한다는 것이다. 그러므로 현대사회는 재도전할 수 있는 용기와 배짱을 가장 중요한 능력 중의 하나로 간주한다.

유대인의 성공 비결로 불리는 위험 감수risk taking 정신인 후츠파Chutzpah 정신은 바로 식을 줄 모르는 용기와 배짱을 바탕으로 자신이 옳다고 생각하는 하나의 방향을 향해서 일관성 있게 나아가는 것이다. 유대인은 나이와 신분에 관계없이 모든 사람이 대등하다고 믿는다. 그러므로 자신의 생각과 느낌을 다른 사람의 눈치를 보지 않고 자신 있게 표현하고 거침없이 행동한다. 이러한 언행이 바로 실패를 극복하고 성공으로 연결하는 원동력이 된다.

5) STEAM과 같은 융합교육으로 가야 한다

산업 발달의 역사를 다시 간략하게 요약해 보면, 1차 산업혁명은 사람의 힘을 능가하는 기계의 힘을 이용하는 기계화가 핵심이다. 지금까지 손으로 해 오던 수제 작업이 기계에 의한 작업으로 대체되면서 기계 생산이 가능해졌다.

2차 산업혁명은 전기와 컨베이어벨트에 의해 생산품의 조립 과정이 하나의 시스템을 이루어 진행되었으며, 기계의 자동화로 인해 대량생산이 가능해졌다. 생산의 효율성을 위해 분업적인 접근을 하였으며, 분업은 경제학자 데이비드 리카도David Ricardo의 비교우위론theory of comparative advantage에 기초하고 있다. 이와 같이 나누어서 정복하는divide and conquer 분업적 접근은 분야별 전문성의 향상을 통해 생산성을 높임으로써 기업에 큰 이윤을 가져다주었다.

3차 산업혁명은 데이터의 디지털화를 통해 데이터를 쉽게 저장하고 가공할 수 있도록 해 주는 디지털 혁명이라고 할 수 있다. 이에 따라 개인의 기호에 맞는 주문식 맞춤형 소량 자동생산이 가능해졌다. 지식과 정보의 대량 집적과 분석이 가능해지면서 분야별 접근을 아우르는 통합적인, 그리고 단순한 통합을 넘어서는 융합적인 접근converged and holistic approach이 가능하게 되었다.

4차 산업혁명에서 가장 중요한 특징의 하나는 현존하는 지식과 정보의 초연결성에 있다. 사람과 사람은 물론 사람과 사물, 그리고 사물과 사물이 인터넷 통신망으로 연결되고, 서로 다른 지식과 정보가 연결되어 생성되는 빅데이터를 분석하여 일정한 패턴을 파악할 수 있게 되었다. 또한 이러한 빅데이터의 분석 결과를 토대로 인간의 행동을 예측하거나 능력을 신장할 수 있도록 하는 일이 가능해졌다.

초연결성은 나노, 바이오, 정보 그리고 인지 테크놀로지 등 기술 간의 융합을 가져온다. 예를 들어, 인공 달팽이, 인공 망막 등은 나노와 바이오 기술을 융합하여 사람의 인지 능력을 향상시켜 준다. 드론은 부양의 법칙을 제공하는 물리학의 지식과 정보통신기술을 이용하는 리모컨으로 작동되며, 우편물과 상업용 택배, 군사용은 물론 종합예술인 영화를 만들 때도 활용된다. 기술융합을 잘 이루기 위해서는 물리학, 생물학, 정보통신학, 인지과학 등 학문 간 융합적 접근이 필수적이다.

이와 같이 학문 간의 융합적 접근이 시대적인 요청임에도 불구하고 왜 우리는 아직 학문 분야별 접근을 하고 있을까? 그것은 과학기술과 경제는 4차 산업혁명 시대를 따라가고 있지만 우리의 의식은 2차 산업혁명 시대에 머물러 있기 때문이다. 특히 안정된 학교 환경 안에서 변화의 필요성을 강하게 느끼지 못하는 교사와 교수들은 재직하는 동안 자신의 전공만 열심히 하고, 다음 세대부터 융합으로 가면 된다는 안이한 생각을 하고 있다. 또한 교사와 교수들은 하고 싶어도 융합교육을 받은 경험이 없기 때문에 어떻게 해야 할지 모르는 경우가 많다.

최근 들어 미국, 영국, 호주, 캐나다 등 선진 국가에서 주목받고 있는 교육 개혁의 핵심은 STEMScience, Technology, Engineering and Mathematics 교육이다. 국내에도 잘 알려진 바와 같이 과학, 기술, 공학과 수학을 융합적으로 접근하는 STEM 교육은 미국의 경우 1980년대 후반부터 시작하였다. 미국의 일간지인 『U.S. News & World Report』는 매년 미국의 전체 고등학교를 상대로 학교별 STEM 순위를 발표하고, 모든 사람이 볼 수 있도록 사이트를 운영하고 있다. STEM 교육은 우리나라에서 2011년부터 예술Arts을 포함하여 STEAM 교육으로 도입·시행되고 있지만 아직 시범 단계에 머물고 있다.

융합교육은 어떤 환경에서 가능한가? 여러 학문이 참여하는 융합교육을 강의식으로 할 수는 없으며, 따라서 수업 방식을 바꾸어야 융합교육이 가능해진다. STEM 교육은 프로젝트학습 방식을 사용한다. 프로젝트학습 방식은 하나의 주제에 대해 다양한 학문적인 입장에서 공동으로 접근하여 주어진 과제를 해결해 나가는 과정에서 학습이 이루어지도록 하는 학습 방식이다. 현재 프로젝트학습 방식은 STEM 교육뿐만 아니라 사회과학과 인문학 분야에도 널리 적용되고 있다.

지금까지 미래사회의 변화를 전망해 보고, 이에 따른 교육환경의 변화와 교육의 방향을 고찰해 보았다. 미래교육의 방향은 첫째, 청소년에게 바른 마음을 길러 주고, 둘째, 인공지능 활용 능력을 길러 주어야 한다. 셋째, 학생들이 심층학습을 할 수 있도록 해야 한다. 넷째, 학교는 창업지향적인 교육을 하고, 마지막으로 STEAM과 같이 융합교육으로 가야 함을 제시하였다.

제3장
미래교육의 구상과 설계

미래사회를 위한 교육을 구상하는 것은 매우 필요하고 중요한 일이다. 미래교육을 구상하기 위해서는 장기적인 관점에서 우리 사회 전체를 아우르는 큰 그림을 그려야 한다. 정부는 변하지 않는 북극성과 같이 교육이 나아가야 할 방향을 바로 잡아 주어야 한다. 그러나 정부는 집권당이 표를 얻기 위해 내세운 공약을 이행하기 바쁘고, 교육정책은 5년마다 바뀐다.

정당들은 보수와 진보적인 입장 차이로 인해 교육에 대한 가치관이 너무 다르기 때문에 교육정책이 전혀 다르게 나타난다. 그러므로 민간 차원에서 이해관계를 떠나 표를 의식하지 않고 오로지 국가 사회의 미래를 위해 큰 그림을 그릴 수밖에 없다. 먼저, 교육은 인간의 어떤 능력들을 길러야 하는지, 우리 교육은 청소년에게 이 능력들을 잘 길러 주고 있는지, 취약한 부분은 없는지 등을 두루 살펴본다.

서양교육의 핵심 가치는 정직한 사람을 기르는 데 있다. 자녀와 학생이 정직하지 않을 때 부모와 교사는 그냥 넘어가지 않는다. 엄중하게 다루어 정직한 인성을 몸에 익히도록 한다. 대체로 공부를 잘 못하는 것에 대해서는 야단치지 않는다. 사회에서도 지도자가 거짓말을 할 경우 엄중한 대가를 치루어야 한다. 그런데 우리나라의 경우에는 가정과 학교에서 공부를 잘하는 것이 제일 중요하다. 부모와 교사는 공부를 잘 못할 때 야단친다. 공부 잘하는 학생이 정직하지 않은 것에 대해서는 비교적 관대하다.

우리 사회에서 정직한 사람은 융통성이 없고 답답한 사람으로 통한다. 이와 같이 중요하게 생각하는 가치가 서로 다르다. 우리는 현재 우리 마음속에 자리 잡고 있는 입신양명을 위한 교육을 넘어선 교육을 지향해야 한다. 우리가 교육을 통해 이루고자 하는 미래 인재의 모습이 어떤지도 생각해 보아야 한다. 교사의 마음속에 적어도 자신이 어떤 인재를 기르기 위해 어떻게 교육하려고 하는지에 대한 분명한 계획이 있어야 한다. 교사는 정부나 교육청이 그일을 대신해 주기를 바라지 않았으면 좋겠다.

설사 교육청이 내세우는 인재상이 있다고 하더라도 교사 스스로 생각하는 인재상이 마음속에 분명하게 있어야 한다. 그리고 어떻게 교육할 것인지 자신만의 계획이 있어야만 자신이 생각하는 교육을 할 수 있다. 예를 들어, 정직한 인재를 기른다는 목표를 가지고 있다면 교사는 학생이 정직하지 않은 행동을 할 때 준엄하게 꾸짖고 정직하지 않은 행동을 하지 못하게 해야 한다.

이 장에서는 사람이 가지고 있는 5대 능력을 살펴보고, 우리 청소년들은 이 능력들을 잘 기르고 있는지 국제비교의 관점에서 고찰해 본다. 그리고 미래 인재상과 미래교육을 설계하면서 교육의 전체 구조를 다시 살펴본다. 교육이 무엇인지, 어떻게 해야 하는지를 개념부터 검토해 본다. 우리 교육은 다른 국가의 교육과 어떻게 다른지 등도 생각해 본다. 이를 정리해서 미래교육 설계를 위한 기본 틀을 소개한다.

1. 인간의 5대 능력과 교육

교육은 사람의 능력을 길러 주는 일이다. 사람은 어떤 능력을 가지고 있는가? 동서양을 막론하고 역사적으로 사람의 능력은 대체로 지덕체智德體로 나누어 이해해 왔다. 즉, 지적 능력, 덕성德性적 능력 그리고 신체적 능력이다. 서양에서는 신체적 능력을 중시하여 체덕지로 우선순위를 달리 하고 있지만 내용은 같다. 지적 능력과 신체적 능력은 밖으로 드러나고 눈으로 확인하기 쉬우므로 비교적 이해하기 쉽다. 반면에 덕성적인 능력은 외부로 잘 드러나지 않기 때문에 규정하기 힘든 특성을 가지고 있다.

옛날에는 비가 오지 않아도 임금이 덕이 없기 때문이라고 생각하고 기우제를 지냈다. 자식이 잘못을 행하면 부모가 덕이 없어 그렇다고 생각했다. 세상에서 일어나는 모든 일을 개인의 덕의 많고 적음에 기인하는 것으로 생각할 만큼 덕은 인간이 가지고 있는 가장 중요한 자질과 소양이다. 덕은 사람의 인품人品이나 인격人格, 품성品性이나 품격品格, 인간됨을 대변한다. 최근 사회에서 중시하는 인성人性교육은 바로 덕德을 기르기 위한 교육을 의미한다.

덕德은 사회에 따라 중시하거나 요구하는 가치가 다르기 때문에 상황과 처지에 따라 다르게 나타난다. 또한 보는 사람에 따라 다르게 이해하므로 쉽게 설명하기 어렵다. 한자의 덕德은 '두인 변彳, 조금 걸을 척'에 '곧을 직直' 밑에 '마음 심心'을 합성한 것으로, '바른 마음으로 정직하게 앞으로 걸어 나간다.'는 뜻이다. 한자어가 담고 있는 의미를 보면 한 인간의 정정당당한 모습이 연상된다. 덕이 어떤 능력을 의미하는지 알아보기 위해 사람의 능력을 살펴볼 필요가 있다.

일반적으로 사람이 가진 능력은 크게 지적 능력, 신체적 능력, 사회적 능력, 정서적 능력 그리고 도덕적 능력의 다섯 가지로 나누어 볼 수 있다. 인간이 가진 다섯 가지 능력은 [그림 3-1]과 같이 빙산에 비유하여 설명할 수 있다. 덕은 이 다섯 가지 능력 중에서 사회적 능력, 정서적 능력 그리고 도덕적 능력을 모두 합친 것이다.

빙산은 전체의 10%가 물 밖으로 노출되어 있으므로 쉽게 볼 수 있다. 그러나 나머지 90%는 물속에 있기 때문에 얼마나 큰 부분이 수면 아래에 있는지 쉽게 판단하기 어렵다. 신체적 능력과 지적 능력은 물 밖으로 드러나 있어 눈으로 확인할 수 있다. 그러나 사회

[그림 3-1] 빙산에 비유한 인간의 5대 능력

자료: 김태완(2013).

적 · 도덕적 · 정서적 능력은 물속에 있는 것과 같이 잘 드러나 있지 않기 때문에 파악하기 어렵다. 현재 학교에서 하고 있는 교육은 대체로 주요 교과목을 통해 지적 능력을, 체육 과목을 통해 신체적 능력을, 그리고 음악과 미술 과목 등을 통해 정서적 능력을 기르는 데 주력하고 있다.

과거 동양에서는 도덕적이고 윤리적인 입장에서 덕을 이해한 반면에, 서양에서는 종교적인 입장에서 많이 이해하고 접근하였다. 그러므로 우리나라에서는 도덕 교과목을 통해 전인교육全人敎育, whole child education 또는 인성교육의 입장에서 이를 성취하려고 하고 있다. 서양에서는 가정과 교회에서 종교교육을 하고, 학교에서는 시민교육citizenship/civic education 등의 이름으로 덕을 교육하고 있다. 최근 서양에서는 품성교육character education과 사회정서학습social and emotional learning을 강조하는 경향이 높아지고 있다.

사회정서학습의 중요성은 국가 간 무역과 교류가 늘어나면서 국경의 장벽이 낮아지고, 인종과 종교, 언어와 이념을 넘어서서 서로 다른 배경을 가진 사람들과 더불어 살아가야 하는 환경이 조성되면서 새롭게 강조되고 있다. 특히 최근 이슬람 문화권 국가와의 교류가 늘어나면서 이들의 사고와 가치관을 이해하고 수용하기 위한 노력이 늘어나고 있다. 이는 사람들이 환경과 배경이 다른 사람과 공감하면서 서로 존중하고 배려하며 살아야 하는 현실적인 여건을 실감하게 되면서 사회정서적 능력의 중요성을 인식하기 시작한 것으로 볼 수 있다.

모든 개인은 이 다섯 가지 능력을 동시에 다 가지고 있다. 그중에서 뛰어난 능력과 그렇지 않은 능력이 있으며, 소위 개인마다 소질과 적성이 다르다. 신체적 능력이 뛰어난 사람은 체육인, 군인 등으로 활동하는 경우가 많으며, 지적 능력이 뛰어난 사람은 과학자, 학자 등으로 활동한다. 사회적 능력은 기업인, 정치인 등으로 대표되며, 정서적 능력은 음악, 미술 등의 분야에서의 예술인으로 대표되고, 도덕적 능력은 성직자 등으로 대표될 수 있다.

자신의 능력을 최대한 잘 개발해서 특정 분야에서 많은 기여를 하며 사는 사람도 있지만, 대부분의 사람은 자신의 능력을 발견하지 못하거나 개발하지 못해 평범하게 살아가고 있다. 그러므로 자신이 어떤 부문에서 뛰어난 능력을 가지고 있는지 스스로 생각하고 시험해 보는 일은 매우 중요하다. 청소년은 스스로 자신의 능력과 잠재력을 잘 느끼거나 알지 못한다. 그러므로 교육은 청소년이 스스로 자신이 가진 능력과 잠재력을 알게 해 주고 최대한 잘 개발할 수 있도록 도와주어야 한다. 이를 위해 인간이 가지고 있는 능력에 대해 깊이 있는 이해를 가져야 한다. 우리 교육에서는 이 다섯 가지 능력을 얼마나 잘 길러 주고 있을까?

첫째, 신체적 능력은 예전에 비해 키와 몸무게가 늘어나 전체적으로 체격이 좋아지고 있지만, 운동 부족으로 인해 체력은 떨어지고 있는 것으로 나타나고 있다. TV 시청이나 컴퓨터 게임 등으로 인해 시력이 약화되고, 영양분의 과잉 섭취로 인해 비만의 정도가 심해지고 있다. 그러므로 체력 증진과 더불어 건강관리에 대한 관심과 실천이 더욱 중요해지고 있다.

예전보다 학교 대항의 단체 경기가 줄어들어 친구들과 힘을 합쳐서 협동적으로 행동하는 능력과, 경기 규칙과 같은 사회적인 규칙과 규범을 지키는 훈련 등이 부족하다고 볼 수 있다. 하지만 여러 가지 시설과 사회 여건이 좋아짐으로써 수영이나 스키, 자전거 타기 등 개인적으로 할 수 있는 운동은 예전보다 더 많이 즐길 수 있게 되었다. 신체적 능력은 모두 밖으로 드러나 있기 때문에 부족한 부분이 있으면 헬스장 등 사회체육 시설을 통해 쉽게 보완할 수 있다.

둘째, 우리 학생들의 지적인 능력은 국제학업성취도평가PISA에서 항상 상위 5~10% 이내로 나타나고 있는 바와 같이 비교적 우수한 편이다. 하지만 성적이 우수한 이유가 학생들이 시험을 잘 볼 수 있도록 잘 훈련된 결과인지 아니면 진짜 실력인지 알기는 어렵다. 학생들의 하루 평균 학습시간은 OECD 평균보다 1.5배로 많은 편이기 때문에 많은 학습 시간의 영향을 받고 있는 것은 분명하다.

이 학습시간은 학교 밖에서 하고 있는 사교육 시간을 포함한 것이기 때문에 이로 인해 학생들이 사회성 및 감성 발달을 위한 시간을 충분히 갖지 못하고 있는 문제와 연결된다. 우리 학생들의 사회성과 감성은 국제사회의 같은 연령층 학생들과 비교해 볼 때 더 낮게 나타나고 있다. 학생들이 공부로부터 많은 스트레스를 받고 있음을 알 수 있으며, 따라서 행복감을 느끼는 수준도 매우 낮게 나타난다.

또한 사교육 의존도가 높은 문제는 가정의 과도한 사교육비 부담이라는 문제를 낳고 있다. 과도한 사교육비 부담은 젊은 부부들의 저출산 문제와 연결되고, 심지어 결혼과 출산을 포기하는 젊은 이들이 증가하고 있기 때문에 대단히 심각한 사회적인 문제가 되고 있다. 어떤 형태로든 학교교육이 정상화되어 사교육비를 감소시킬 수 있는 대책 마련이 절실히 요청되고 있다.

한편, 우리나라 성인들의 문제해결 능력이 OECD 평균보다 낮게 나타나고 있기 때문에 학생들의 우수한 학력이 성인이 된 후까지 연결되지 않고 있는 문제를 규명해 볼 필요가 있다. 학생들의 학력이 성인이 된 후의 실생활에 도움이 되지 않거나 잘못된 방향으로 영향을 주고 있는 것은 아닌지 밝혀 보아야 한다. 특히 이념적으로 소위 보수와 진보로 나누어진 우리 사회는 성인들의 사회문제 해결을 더욱 어렵게 하고 있다.

셋째, 사회적인 능력은 다른 사람과 공감하고 소통하는 능력, 배려하고 나누는 능력, 서로 협동하는 능력 등을 말한다. 공감, 연민, 배려, 약속, 소통, 협동, 봉사, 나눔, 세계시민의식 등의 가치를 포함한다. 이 능력은 다른 배경을 가진 사람과 더불어 사는 능력을 말한다. 세계화로 인해 인종, 종교, 언어, 이념, 역사, 문화 등 다양한 배경을 가진 사람들과 어울려 살아야 하는 현대사회에 가장 필요한 능력이다. 문제해결 능력도 사회적인 능력과 깊은 관계가 있다. 우리 학생들은 사회적인 능력 분야의 한 국제비교연구_{Marsh,}₂₀₀₆에서 25개국 중 21위에 위치하고 있으며, 선진국이 되기 위해 필수적으로 발전시켜 나가야 한다.

우리 속담에 '시시대기는 재를 넘지만 새침대기는 골로 빠진다.'는 말이 있다. 시시대기는 수다스러울 정도로 다른 사람과 대화를 많이 하는 성격을 가진 사람이다. 반면에 새침데기는 자신의 마음을 드러내지 못하고 모든 일을 혼자 처리하려는 성향으로 인해 다른 사람과 잘 어울리지 못하는 사람을 일컫는다. 옛날에는 산을 넘거나 험한 길을 갈 때 산적 등으로부터의 피해를 방지하기 위해 많은 사람이 모여서 가는 것이 보편화되었다. 이 과정에서 시시데기는 아무런 문제없이 사람들과 어울려 산을 넘을 수 있지만 새침데기는 혼자 가다 길을 잃고 골짜기로 가서 결국 산을 넘지 못한다는 의미를 담고 있다. 사회적인 능력이 부족하면 사회생활에 적응하지 못하고 낙오할 수 있음을 경계한 속담이다.

과거 농경사회에는 협동해야 할 일이 많기 때문에 사회적인 공동생활 능력을 걱정하지 않아도 되었다. 하지만 산업화로 인해 분업이 발달하고, 각자의 생활이 바쁘게 돌아가면서 사회적인 공동생활 능력은 약화되고 있다. 더불어 현재 학교에서는 시험을 통해 개인의 성적을 결정하는 시스템으로 인해 개인 간 경쟁을 부추기는 분위기 속에서 서로 협력하는 경험을 하는 것이 더욱 어렵게 되었다. 오로지 공부만 하도록 강요하는 가정과 학교에서 학생들이 자연스럽게 익혀야 할 사회적인 능력을 익히지 못하고 있다.

넷째, 도덕적인 능력은 앞에서 이야기한 바와 같이 동양과 서양 사회에서 서로 다르게 이해하고 있다. 즉, 유교적인 전통을 강하게 가지고 있는 우리 사회는 삼강오륜을 통해 임금과 신하, 부부, 부모자녀, 친구, 연장자와 연소자 사이에 지켜야 할 수직적이고 윤리적인 규범을 중하게 여겼다. 반면에 기독교 문화에 바탕을 두고 있는 서양사회는 종교적인 입장에서 창조주에 대한 믿음을 중요하게 가르쳐 왔다.

동서양 사회는 역사적인 환경과 문화적인 배경은 서로 다르지만 정직, 성실, 근면, 청결, 절약, 청렴, 복종, 책임, 의무 등의 가치를 중요하게 생각하여 강조하고 있다. 우리 학생들의 근면한 태도는 열심히 공부하는 모습hard worker에 잘 나타나고 있으며, 이것은 다른 나라의 1.5배에 달하는 학습시간을 통해 알 수 있다. 산업화 과정이 동양보다 앞서 진행된 서양사회는 과거의 사회경제적인 지위에 의해 형성된 수직적인 인간관계가 모든 사람이 대등하다고 믿는 수평적인 인간관계로 발전하는 과정도 먼저 경험하였다. 동양사회는 이 과정이 조금 늦게 진행되고 있으며, 우리 사회는 현재 매우 심한 진통 과정을 경험하고 있다.

과거 수직적인 사회에서 존경받던 교사와 교직에 대한 권위와 사회적인 존중이 수평적인 사회로 변화하는 과정에서 실종되는 모습으로 나타나고 있다. 교사의 권위가 인정되지 않는 상황에서 이루어지고 있는 도덕교육은 사실상 내용이 없는 빈껍데기에 불과하다. 교사와 교직에 대한 신뢰와 존경이 다시 회복되어야 제대로 된 도덕교육이 가능해진다. 즉, 도덕 과목 수업을 통해 학생의 인성이나 도덕적인 능력이 발달하는 것은 아니다. 교사가 자신의 책임과 소명을 다하는 등 도덕적으로 모범을 보일 수 있어야만 학생의 도덕적인 능력이 개발된다.

다섯째, 정서적인 능력은 [그림 3-1]에서 볼 수 있듯이 빙산의 가장 아래 부분에 위치하고 있다. 사람의 모든 생각과 행동을 일으키는 감정과 욕구, 즉 활동을 위한 동력과 에너지가 여기에서 나오므로 다섯 가지 능력 중에서 가장 중요하다. 사람의 마음 가장 깊숙한 곳에 호기심, 하고 싶은 마음, 좋아하는 마음, 흥미, 관심, 지적 호기심, 탐구, 도전, 개척 정신, 감사, 긍정, 자율, 신뢰, 자신감, 자기애, 가족애, 이성애, 애향심, 애국심 등이 자리 잡고 있다.

우리는 청소년들이 연예인에게 열광하는 모습을 보며 좋아하는 마음의 힘을 느낄 수 있다. 수학이 어려워 공부하기 싫어하는 학생일지라도 수학 선생님이 좋으면 수학 공부를 열심히 하는 것을 주위에서 쉽게 볼 수 있다. 이와 같이 좋아하는 마음은 모든 장벽을 넘을 수 있는 힘이 있다. 그러므로 정서적인 능력은 지적 · 신체적 · 사회적 · 도덕적 활동을 가능하게 해 주는 힘의 원천이다. 이 정서적인 능력이 손상되지 않고 잘 유지되고 발달할 수 있도록 하는 일은 아동의 성장 과업 중에서 가장 중요한 일이다.

출생 후 육체적 · 심리적 불편을 해소해 주고 식욕과 같은 원초적 본능을 충족시켜 주는 어머니와 보호자로부터 느끼는 영유아의 심리적 안정감은 발달 과정에서 가장 먼저 형성된다. 이때 형성된 심리적 안정감은 세상에 대한 신뢰 또는 불신 감정으로 연결되고, 이후 형성되는 모든 감정의 밑바닥에 자리 잡으므로 인간의 감정 중 가장 중요하고 기본적인 것이다. 심리적 안정감은 새로운 것에 대한 호기심을 불러일으키고, 자신과 세상에 대한 신뢰는 모든 일에 자신감을 갖게 해 주는 인간의 핵심적인 정서로 발전해 나간다.

출생 후 초기에 영유아가 애정결핍을 경험하면 심리적으로 불안정하고 부정적인 감정이 자리 잡게 되고, 이 감정이 모든 행동에 영향을 주게 된다. 애정결핍을 치유하는 일은 매우 어려운 일이며,

좀처럼 치유되지 않는 경우가 많다. 요즘 문제가 되고 있는 학교폭력과 사회폭력도 이 시기에 형성된 불안정한 감정의 영향을 받는다고 할 수 있다. 아이가 출생 후 세상에 대해 좋게 느낄 수 있도록 해 주는 노력은 양육 과정에서 가장 중요한 일이다. 신체적인 발달은 필요한 영양 섭취를 통해 시간이 지나면서 자연스럽게 이루어진다. 그러므로 어린 시절 양육의 핵심은 아이가 심리적으로 안정되도록 하고 긍정적인 감정을 잘 길러 주는 일이다.

감정은 억누르지 않고 자연스럽게 표현함으로써 잘 발전해 나갈 수 있다. 결과적으로 긍정적인 마인드가 형성되어 외부에서 일어나는 일들에 대해 두려움을 갖지 않고 대할 수 있게 된다. 감정의 발전은 아동이 말을 하기 시작하고 생각을 하기 시작하여 지적인 능력이 자연스럽게 발전할 수 있도록 도와줄 수 있는 필요조건이라고 할 수 있다. 그러므로 동양사회의 지덕체智德體 또는 서양사회의 체덕지體德智보다 덕체지德體智로 보는 것이 인간의 발달 과정과 잘 조화를 이루고, 덕의 중요성을 강조하는 시대적인 흐름에 맞는다고 할 수 있다.

옛날에는 동서양 모두 욕구나 감정 표현을 억제하는 것을 미덕으로 여겼다. 그러나 현대사회로 오면서 서양사회는 비교적 빨리 감정과 의사 표현을 장려하는 분위기로 바뀌었다. 하지만 동양사회는 현재에도 '침묵은 금이다.' '남아일언 중천금男兒一言重千金'이라는 생각이 많이 남아 있다. 욕구를 억누르고 감정과 의사 표현을 자제하는 것은 정서적 능력과 사회적 능력의 발달을 저해한다.

어린 시절에 형성된 심리적 안정감, 긍정적인 마음가짐, 자신감

등은 도전과 재도전의 용기를 갖게 해 주며, 실패하더라도 끝까지 이겨 내는 배짱과 뚝심, 투지 등을 키워 준다. 이러한 능력은 최근 시대가 필요로 하는, 실패해도 끊임없이 도전하는 창업ㆍ기업가 정신과 잘 맞는다. 최근 인공지능의 발달로 인해 일자리가 줄어들고 있기 때문에 학교교육은 취업지향으로부터 창업지향으로 발전해 나가야 한다. 창업을 성공적으로 이끄는 능력은 넘어져도 다시 일어서는 용기와 끝까지 버티는 배짱과 같은 튼튼한 정서적인 능력이다.

인간의 감정은 자동차의 기어와 같다. 긍정적인 감정은 전진 기어이고, 부정적인 감정은 후진 기어와 같으며, 감정이 메마른 것은 중립 기어와 같다. 전진 기어 상태에서 가속 페달을 밟으면 차가 앞으로 나가듯이, 긍정적인 감정 상태에서 청소년은 공부도 잘할 수 있고, 모든 활동이 제대로 잘 진행된다. 그러나 후진 기어 상태에서는 차가 뒤로 가듯이, 부정적인 감정 상태에서 청소년은 공부를 하지 않는 방향으로 나가고, 모든 행동이 파괴적으로 된다. 중립 기어 상태에서는 차가 움직이지 않듯이, 감정이 메마른 상태에서는 활동 에너지가 고갈된 상태와 같이 공부를 해도 잘 되지 않고, 아무것도 하기 싫은 상태가 된다.

인간의 다섯 가지 능력 중에서 가장 관심을 가지고 길러 주어야하는 이 정서적 능력과 관련된 국제비교 자료Wilkins, 2004를 보면, 우리 청소년들은 아주 낮은 수준인 40~50위 사이에 위치하고 있다. 그러므로 교사는 학생 개개인의 능력 발전을 위해 개별 학생의 정서와 감정이 어떤 상태에 있는지 가장 먼저 관심을 가지고 살펴보아야 한다. 교사와 학부모는 아동의 감정 상태가 어떠한지 파악하고, 공부하라고 이야기하기 전에 항상 긍정적인 에너지가 넘치는 감정 상태가 되도록 유도할 수 있는 능력을 갖추어야 한다.

2. 미래 인재의 모습

우리 교육의 어두운 면을 이야기할 때 종종 노량진 고시촌을 거론한다. 그동안 노량진은 사법, 행정, 외무 등 소위 고시를 준비하는 젊은이들이 24시간 공부하는 곳이었다. 열악한 환경에서 오로지 시험 합격만을 위해 젊음을 불사르는 모습을 빗대어 '고시 낭인 高試 浪人'이라는 신조어가 생겼다. 사법고시의 폐지로 인해 사법시험을 준비하는 고시생은 더 이상 노량진에 없다. 그러나 지금도 공무원과 교사를 지망하는 젊은이들이 이곳의 학원, 식당, 옥탑방 신세를 지고 있다. 답답한 모습이지만 시험 합격을 위해 가장 효과적인 곳이라는 믿음 때문에 감히 뛰쳐나올 생각을 하지 못하고 있다.

교사가 되기 위해 시험을 쳐야 하는가? 시험을 봐서 좋은 교사를 가려 낼 수 있는지 답답할 뿐이다. 젊은이를 힘들게 하는 것은 열악한 환경보다 미래에 대한 불안감이다. 그 불안감 때문에 고시촌에 인질로 잡혀 있는 것이다. 그 속에 있으면 몸은 불편하지만 마음은 편할 수 있다. 정말 그만한 희생을 치를 가치가 있는 것인가? 왜 시험이라는 것이 넘어야 할 절대적인 관문처럼 우뚝 서 있는지 생각해 본다.

1) 입신양명을 위한 교육을 넘어설 때가 되었다

현재 우리가 하고 있는 교육은 개인의 입장에서 보면, 입신양명立身揚名을 위한 교육이다. 입신양명은 공자가 제자인 증자에게 효도에 관해 전수한 내용을 뒷날 후학들이 모은『효경孝經』주희, 김덕균 역주, 2008에 나온다. 유교에서는 입신양명, 즉 관직에 나가 가문의 이름을 빛내는 것을 가장 바람직한 효도라고 가르친다. 조선시대 세조 때의 대표적인 장군으로 추앙받는 남이 장군은 "사내자식이 열다섯 살이면 절로 입신양명할 마련을 시작하는 나이다."라고 한 말이 구전되고 있다.

예전의 입신이란 대개 출사出仕를 의미했다. 즉, 과거를 통해 관직에 나가는 것을 말한다. 그러므로 유교의 영향을 받고 자란 청소년의 전형적인 꿈은 과거에 급제하여 가문을 빛냄으로써 부모에게 효도하는 것이다.『효경』의 원문에는 입신행도立身行道, 즉 입신하고 도를 행함으로써 이름을 후세에 알리는 것으로 나오지만, 행도는 빠지고 입신만 남았다. 입신은 바로 사회적으로 높은 지위에 올라 유명하게 되는 출세出世를 의미한다.

이러한 입신양명은 과거라고 하는 시험에 합격해야 가능하므로 교육은 바로 출세의 관문을 통과하는 수단으로서 시험 합격을 핵심 기능으로 여기게 되었다. 지금도 시골에 가면 누구 집 자식이 서울의 유수 대학에 합격한 것을 알리는 현수막이 걸리고, 시험에 합격한 것을 축하하는 동네잔치가 벌어지는 것을 볼 수 있다. 대도시에서도 일부 고등학교와 학원은 명문대학 입학생 이름이 적힌

현수막을 내걸고 학교와 학원을 빛낸 동문으로 소개한다.

조선시대는 4대代가 과거에 합격을 못하면 양반 신분이 박탈되었다. 양반은 신분이 박탈되면 중인中人과 같은 세습적인 기술이 없고, 평민이나 천민과 같이 노동을 할 수도 없기 때문에 수입이 없는 비참한 생활을 하게 된다. 이 때문에 양반은 가문을 유지하기 위해 필사적으로 과거시험에 매달렸다. 양반 신분의 박탈은 가문의 몰락을 의미하며, 조상에 대해 대죄를 짓는 것으로 생각하였다. 어머니는 자신이 시집에 들어온 이후 시집 가문을 몰락하게 하였다는 비난을 피하기 위해 매일 정화수井華水를 떠 놓고 천지신명天地神明께 비는 것은 기본이었다.

결과적으로 양반 가정의 부모는 가문의 유지와 생존을 위해 아들의 교육에 모든 것을 기꺼이 희생했다. 봉건사회가 몰락하고 차별적인 신분의 구분이 없어진 현대에는 신분과 성별 그리고 경제적 수준을 가리지 않고 모든 사람이 출세와 입신양명의 길로 나갈 수 있도록 문호가 활짝 열렸다. 따라서 그 첫째 관문인 대학입시는 온 가족이 동원되어 벌이는 총체적인 경쟁으로 극대화되었다. 수능시험을 치르는 날은 비행기도 뜨지 못하게 하는 웃지 못할 일이 벌어지고 있다.

이것은 우리나라를 비롯하여 중국, 일본, 대만, 홍콩, 싱가포르 등 유교권 국가에서 공통적으로 나타나는 현상이다. 이 중에서 홍콩과 싱가포르는 최근 영어권 문화의 영향을 많이 받았다. 즉, 플라톤의 "진리와 자유 추구", 예수의 "진리가 너희를 자유롭게 한다."고 하는 서양식 진리 추구에 대한 이해가 혼재하고 있는 편이다. 물론 공자도 『논어論語』공자, 김원중 역, 2017에서 "아침에 도를 깨우치면 저녁에 죽어도 좋다."고 하여 동양식 진리 추구라고 할 수 있는 득도得道를 강조하였다. 하지만 득도는 마음의 수련을 통해 얻어지는 어려운 일이므로 현실에서는 공부를 하여 부모에게 효도하는 것이 더 부각되어 왔다.

서양도 학교교육이 가지고 있는 엄격한 시험제도로 인해 경직되게 운영되는 것은 비슷하다. 하지만 서양은 가까운 사람의 추천에 의해 원하는 지위를 얻을 수 있기 때문에 상급자나 함께 일하는 사람의 신뢰를 얻기 위해 노력하는 경향이 있다. 다른 사람의 신뢰를 얻을 수 있는 가장 중요한 덕목은 정직이다. 그러므로 가정과 학교 그리고 사회에서 '정직이 가장 좋은 정책이다Honesty is the best policy.'라고 가르쳐 오고 있다. 그러나 유교권 국가는 오로지 시험에 의해 자신의 실력을 보여 준 결과로서 합당한 지위를 얻는다고 생각하기 때문에 정직한 인성을 기르기 위해 힘쓰기보다는 시험에 올인하는 경향이 더 많다.

또한 서양은 부모가 자식의 성공을 위해 모든 것을 희생하는 유교권 국가와 달리 자식에게 전적으로 의존하지 않는 면에서 정도의 차이가 있다. 즉, 서양사회는 유교권 사회와 비교해 볼 때, 부모와 자식이 함께 가문을 일으키고, 가문의 유지와 생존을 위해 합심해서 공부에 올인하는 경향이 약한 편이다. 이와 같이 유교권 국가들이 대체로 교육열이 높고, 학교교육은 과도하게 시험에 집중하는 이유는 시험 통과가 바로 입신출세와 양명, 소위 가문의 유지와 생존을 위한 유일한 길이기 때문이다.

성인 기성세대의 생각은 '억울하면 출세하라.'는 대중가요의 가사 속에 잘 반영되어 있으며, 이 생각은 청소년에게 그대로 전달되고 있다. 그러므로 서구 선진국들이 부러워하는 한국의 교육열은 한국인의 출세와 가문의 유지 그리고 생존 욕구에 기인한다고 볼 수 있다. 하지만 입신양명을 위한 교육은 진정으로 진리를 알기 위한 학습이 아니라 시험 선발 기준을 넘기 위한 학습이다.

이와 같이 시험을 준비하기 위하여 하는 학습은 많이 아는 것이 중요하며, 시험에 나오는 것을 알기만 하면 되기 때문에 내용을 깊이 이해할 필요가 없다. 이것은 주로 암기 중심으로 공부하고, 시험이 끝나면 잊어버리는 것이므로 표층학습surface learning이라고 할 수 있다. 입신양명은 인간의 이기심에 기초하고 있으며, 인간의 이기심은 생존을 위한 본능적인 욕구에 가까운 것이므로 나쁜 것이 아니다.

베버Weber, 2010는 "인간의 이기심은 기차의 연료와 같다."고 했다. 연료가 없으면 기차가 앞으로 나아갈 수 없듯이, 이기심이 없으면 생존하지 못할 수도 있다. 이러한 인간의 이기심 덕분에 적어도 먹고 사는 문제가 해결되고 있다. 그러나 먹고 사는 문제가 해결되고 난 이후에는 무엇이 중요할까? 왜 사는가? 무엇을 위해 사는가? 인생의 중요한 가치는 무엇이며, 인생의 의미는 무엇인가? 어떻게 사는 것이 잘 사는 것인가? 등등의 문제를 고민하게 된다.

국가의 입장에서 생각해 보면, 그동안 대부분의 국가는 약육강식의 식민지 시대를 경험하면서 힘이 없으면 국가가 망한다는 사실을 잘 알게 되었다. 모든 국가는 생존을 위해 또는 다른 나라를 지배하여 더 잘 살기 위해 군사력과 경제력을 키워 왔다. 군사력과 경제력을 키우는 것은 사람이 하는 일이기 때문에 사람이 가장 중요하다. 그러므로 교육은 개발도상국이 선진국을 따라잡는 유일한 수단으로 인식되어 왔다. 특히 유교권 국가들은 문예부흥과 산업혁명이 일어나 과학과 기술이 발달하고 민주공화정民主共和政식 사회제도가 앞서 가는 서구사회를 따라잡기 위해 청소년 교육에 전력을 다하는 입장을 취했다.

우리나라도 산업사회 시대의 추격형 계획 경제를 실행할 수 있는 인력 양성을 위해 교육에 집중하였다. 우리의 피땀 어린 노력의 결과 현재 우리나라는 개발도상국의 위치를 넘어서서 선진국에 진입하는 단계에 이르고 있다. 우리나라는 2008년 경제선진국 그룹이라고 할 수 있는 G20 국가로 부상하였다. 2009년 우리는 다른 나라의 도움을 받는 수원국으로부터 도움을 주는 공여국으로 그 위상을 높였다. 한편, 인류는 끊임없는 생존경쟁을 통해 옆 사람이 죽어 가는 데 나 혼자 잘 살 수 없다는 사실과, 선진국의 일원으로서 더불어 사는 것의 중요성, 즉 공생과 상생의 가치도 깨닫게 되었다.

앞으로 먹고 사는 문제가 해결된 이후 찾아올 공유경제sharing economy 시대를 위한 미래교육은 널리 세상을 이롭게 하는 것을 교육의 이념으로 해야 한다. 그러므로 널리 세상을 이롭게 한다는 좋은 뜻을 가진 전통적인 '홍익인간' 사상이 미래교육의 이념으로서 재조명될 필요가 있다. 널리 세상을 이롭게 하는 교육을 하기 위해서는 시험 보고 잊어버리는 학습이 아니라 다른 사람과 사회에 무엇인가

이로움을 줄 수 있는 산출물을 만들어 낼 수 있는 학습이어야 한다.

새로운 산출물은 심층학습deep learning을 통해 만들어질 수 있다. 이것이 바로 미래교육이 나아가야 할 학습의 방향이며, 가히 학습 혁명이라고 말할 수 있다. 심층학습은 학생이 학습의 주체가 되어야 가능하다. 지금 학교에서 하고 있는 강의식 수업은 교사가 주도적인 역할을 하고, 학생은 수동적으로 학습하는 방식이다. 이러한 수동적인 학습 방식으로 심층학습은 가능하지 않다. 그러므로 현재의 강의식 수업을 여러 가지 다른 형태의 능동적인 학습 방식으로 바꾸어 나가야 한다.

2) 핵심역량을 갖춘 미래 인재의 모습

사람의 능력을 일반적으로 인지와 비인지cognitive vs. non-cognitive 능력으로 구분해서 보는 경향이 있다. 또한 지적 능력intellectual competence과 사회정서 능력social and emotional competence 그리고 실천 능력practical competence으로 구분해 보는 입장이 있다. 여기서 실천 능력은 지적 능력과 사회정서 능력이 영향을 미치고 이것이 습관화된 것으로 매우 중요한 능력이다.

현대사회는 느끼고 생각하는 것을 표현하고 전달하는 능력이 모두 중요한 시대이다. 느끼는 것은 사회정서적 능력이고, 생각하는 것은 지적 능력이며, 표현하고 전달하는 것은 실천 능력이다. 한때 주목을 끌었던 '신지식인'은 느끼고 생각하는 것을 잘 실천하여 남다른 성과를 낸 사람을 일컫는다. 이와 같이 느끼고 생각하는 것을 실천에 옮기는 일은 매우 어려운 일이다. 미래사회는 그동안 교육에서 중요하게 다루지 않았던 실천의 중요성이 점점 커지는 시대이다. 그러므로 미래 인재의 요건으로 실천 능력이 중요하게 부각될 것이다.

미래 인재를 이야기할 때 이와 같은 세 가지 능력을 두루 갖춘 미래 세대의 모습을 [그림 3-2]와 같이 그려 볼 수 있다. 미래 인재는 [그림 3-2]와 같이 지적 능력과 사회정서적 능력 그리고 실천 능력을 모두 갖추어야 한다. 지적, 사회정서적 그리고 실천 능력을 발휘해야 하는 대상은 자신을 중심으로 하여 부모·형제, 친구, 학교, 지역사회, 국가 그리고 국제사회 전체이다. 이 세 가지 능력을 뒷받침하고 있는 능력으로서 신체적 능력과 도덕적 능력이 있으나, 이 그림에는 나타나지 않고 있다.

지적 능력으로는 알고, 생각하고, 이해하는 능력을 핵심으로 본다. 우리 교육은 그동안 아는 것에 치중해 왔다. 미래사회는 아는

[그림 3-2] 핵심역량을 갖춘 미래 인재의 모습

것도 중요하지만 생각하고 이해하는 능력을 더 많이 강조하여 교육해야 한다.

사회정서적 능력은 느끼고, 공감하고, 좋아하고, 사랑하고, 즐기고, 감사하고, 바라고, 믿고, 자립하고, 도전하는 능력을 말한다. 사회정서적 능력은 흔히 지적인 인지 능력에 대비하여 비인지 능력으로 불리며, 모든 능력을 가능하게 하는 에너지를 공급하는 능력이다. 그러므로 가장 중요하게 고려해야 함에도 불구하고 그동안 소홀히 해 온 경향이 있다. 앞으로 사회정서적 능력의 발달을 길러 주는 방향으로 교육과 학습이 발전해 나가야 한다.

실천 능력으로는 표현하고, 소통하고, 만들고, 생산하고, 나누고, 용서하고, 봉사하고, 기여하는 능력으로 구상해 보았다. 실천 능력은 신체적·지적·사회적·정서적·도덕적 능력을 모두 포함하고 있다. 실천 능력은 교육보다는 훈련을 통해 습득된다. 교육과 훈련은 항상 동시에 강조되어야 하지만 그동안 우리 교육은 훈련을 시험과 무관하다고 생각하여 소홀히 해 온 경향이 있다. 실천 능력은 문제해결 능력과 직결된다. 제1장에서 논의한 문제해결 능력의 부족은 그동안 우리 교육이 소홀히 해 온, 사회정서적 능력과 훈련의 경시輕視로 인한 실천 능력의 부족에 기인하고 있다. 그러므로 미래교육은 사회정서적 능력과 실천 능력의 개발을 중시하는 방향으로 나아가야 한다.

3. 미래교육 설계를 위한 기본 틀

그동안 우리는 교육의 선진화를 꾀하기 위하여 다양한 정책을 개발하여 학교 현장에 반영하는 노력을 기울여 왔다. 그러나 우리 학생들은 여전히 오랜 시간 책상에 앉아 시험을 준비하는 공부를 하고 있고, 학원가는 밤늦은 시간까지 통학 버스로 가득 찬 광경을 연출하고 있다. 대학입시의 결과에 따라 학교교육의 성패가 갈리는 것으로 생각하는 교육문화는 비단 학부모들만의 문제가 아니라 학교 관계자들의 관점에도 묻어나고 있다.

현재 우리나라의 학교교육에 대해 국제적인 평가는 비교적 괜찮지만, 국내의 평가는 실망스러운 정도이며 만족하는 사람이 거의 없다. 학생은 학생대로 힘들고 교사는 교사대로 힘들다. 학부모도 마찬가지이다. 그동안 정부는 물론 교육전문가와 비전문가를 포함하여 많은 사람이 많은 처방을 내놓았고 변화를 시도해 보았지만 효과가 없었다. 각종 처방이 효과가 없다면 진단이 잘못되었거나 문제가 있는 것이다. 한국형 미래학교의 설계 과정에서 고려해야 할 기본적인 사고의 틀은 크게 다음 일곱 가지로 나누어 생각해 볼 수 있다.

1) 교육은 인간을 자유롭고 행복하게 하는 행위

교육은 인간만이 누리고 영위할 수 있는 활동으로서 그 자체로
서 보전해야 하는 가치의 영역이 있다. 고대 그리스부터 현대 교육
사상가들의 논의에 이르기까지 교육활동의 핵심으로 여겨져 온 이
러한 교육적 가치를 미래의 학교라고 해서 간과할 수는 없다. 따라
서 미래학교를 구상함에 있어서 항존적인 교육 가치는 반드시 반
영되어야 한다.

플라톤Plato, 2007은 『법률The Laws』에서 교육과 훈련의 차이점에 대
한 흥미로운 주장을 펼쳤다. 그는 직업을 얻기 위한 기술의 습득,
돈을 벌기 위한 사소한 재주들, 상품을 잘 팔고 효과적으로 홍보하
는 사업 수완, 그리고 강인한 체력을 얻기 위한 과정들은 모두 '훈
련training'으로 불러야 하며, '교육education'이라 불러서는 안 된다고
주장하였다.

그 이유는 훈련 과정에서는 인간의 이성reason이나 정의감justice이
작용하지 않고 단순 반복을 통해서 기술이나 잔재주가 습득되는
것에 불과하기 때문이라는 것이다Plato, 2007. 반면에 교육이란 단순
히 반복을 통한 기술의 습득과 같은 것들과는 질적으로 다른 것으
로서 인간 본연의 것을 추구하는 무언가 고상한 것이라는 개념으
로 정의하였다.

이와 같은 교육과 훈련에 대한 구분은 우리 교육에 시사하는 바
가 크다. 현재 우리의 교육은 특히 중·고등학교의 교육에 있어서
학습의 실태는 문제를 푸는 기술 중심으로 이루어지고 있다. 대입

시험과 내신 시험이라는 내용이 비슷하지만 시기만 다른 각종 시험의 문제를 성공적으로 풀어 내면 좋은 교육을 받은 것처럼 생각하는 경향이 있다. 그러나 플라톤이 현재 우리나라의 교육을 본다면, 아마 인간 본연의 교육을 실현하고 있다고 진단할 가능성은 매우 낮다. 반면에 내용의 암기와 문제풀이 잔기술 습득에 열을 올리고 있는 '훈련' 수준의 활동을 하고 있다고 비판할지 모른다.

이러한 문제의식하에서 서양철학에서 발달시켜 온 교육의 개념을 결론적으로 정의하면 '자유교육'의 전통에 뿌리를 두고 있다고 할 수 있다. 자유교육에서 '자유'의 의미는 두 가지 면에서 중의적으로 사용된다. 첫째, 고대 그리스의 도시국가에서 투표권이 있는 시민계급, 즉 '자유인'들이 경제활동과는 관련 없이 인간성의 실현을 위해서 거리나 각종 모임에서 세상과 인간에 대해서 자유로이 대화하며 탐구하였던 데에서 '자유인의 교육'이라는 의미를 갖는다.

둘째, 인간은 세상과 인간에 대한 지적인 호기심 그 자체만을 위해서 앎을 추구할 때 비로소 '자유'로워질 수 있다는 의미에서 자유의 의미가 규정된다. 현대사회는 자유인과 노예로 구성된 고대 로마 사회가 아니므로 모든 사람이 동등하게 노동을 해야 한다. 이런 의미에서 고대 로마 사회와 같은, 노동을 하지 않는 자유인은 존재하지 않는다. 그러므로 현대사회에서 자유의 의미는 자유인의 교육이 아니라 인간을 자유롭게 하는 교육의 의미를 갖는다. 이것은 '진리가 너희를 자유롭게 한다.'는 기독교의 정신과 맞물려 있다. 즉, 인간이 자유롭게 되기 위해 교육을 통해 진리를 찾아가고 있다고 할 수 있다.

더 나아가, 아리스토텔레스Aristotle는 이러한 자유교육의 이상은 인간을 '자유'롭게 할 뿐 아니라, 알기 위해서 앎을 추구하는 진리 탐구의 행위 그 자체가 인생의 목적이고 행복의 핵심이라고 정의 하였다Aristotle, 1999. 즉, 인간은 교육을 통해서 세상과 인간에 대한 지적이고 추상적인 탐구 활동을 실현해 나가기 때문에 교육은 인간의 존재 목적을 이루어 내는 활동인 동시에 인간의 행복을 실천 하는 행위가 된다고 보았다.

따라서 교육은 인간을 자유롭고 행복하게 하는 행위라고 할 수 있다. 이러한 생각은 시대와 사회에 따라서 달라지는 가치가 아니 므로 교육의 항존적 가치라고 할 수 있다.

2) 지적 탐구의 정상화 추구

교육은 인간을 자유롭고 행복하게 하는 행위이지만 이것은 지적 탐구를 정상적으로 할 때에만 가능하다. 시험 등에 의한 왜곡된 형태의 지적 탐구는 인간을 자유롭게 하지 않을 뿐 아니라 행복하게 하지 않는다. 현재 우리 학교교육의 모습은 바로 이러한 비정상적 인 지적 탐구로 인해 학생과 교사, 학부모를 자유롭게 하지 못하고 불행하게 하고 있는 것으로 나타나고 있다.

하지만 우리나라의 교육에 대해서 지나치게 부정적으로 평가할 필요는 없다. 우리나라에서 학교를 다닌 인재들이 과학이나 예술 분야에서 국제적으로 두드러진 성과를 내고 있는 현상이나, 우리나라의 경제발전 과정을 검토해 보더라도 우리 교육이 문제점 투성이라고 볼 수는 없다. 그러나 동시에 우리 교육을 선진적이고 이상적인 교육이라고 판단할 수도 없다. 그 이유는 앞서 언급한 바와 같이, 시대적이고 항존적인 교육의 이상향이 논의되고 정책화되어 현장에 전달되고 있음에도 불구하고, 학교 현장에서는 그러한 연구 결과나 정책 방안을 무력화하는 현실적인 한계가 있기 때문이다.

이러한 현실적인 한계의 본질은 다음과 같다. 첫째, 지적 교과목을 각 교과목의 특성을 살리지 못한 채 모두 '암기 과목'으로 전락시켜 가르치고 배운다는 점에 있다. 예를 들어, 과학을 배우는 학생들로 하여금 과학이 본래 추구하는 탐구정신, 실험정신, 가설과 추측에 의한 설명 추구 등을 몸소 실천할 수 있는 기회를 갖게 하지 않는다. 오히려 시험에 출제되는 문제를 성공적으로 풀어 내기 위해 정보를 습득하고 문항을 풀어 내는 요령에 집중하도록 하고 있다.

이와 같이 지적인 교육 그 자체나 지적 학문 단위를 바탕으로 교과목이 구성된 교육과정을 운영하는 것이 문제가 아니다. 그러한 교육과정을 실현해 내는 현실적인 '실천방법'에 문제가 있는 것이다. 따라서 혁신적으로 구상되어 실현될 미래학교의 수업 현장에서는 각 교과목의 교과심敎科心이 최대한 발휘되어 가르치고 배울 수 있는 수업이 이루어져야 한다.

둘째, 지나친 기술공학적인 의존을 삼가야 한다는 점이다. 미래형 학교는 그 어감이 주는 바와 같이, 마치 최첨단의 기술이 수업 현장에 사용될 것만 같은 상상을 가능케 한다. 그러나 기술을 위해서 기술을 사용하는 것은 안 되며, 교육적인 목적이 없는 상황에서 불필요하게 스마트 기기 등을 사용하는 것은 피해야 한다.

특히 교육의 과정에서 학생들이 세상과 인간에 대해서 직접적으로 정보를 수집·접촉하며, 경험할 수 있도록 해야 한다. 그러나 기술공학적인 도구들은 이러한 직접적인 접촉과 경험을 간접적으로 하게 만들기 때문에 교육적으로 과연 타당한지에 대한 다소 비판적인 검토가 이루어져야 한다. 예를 들어, 저학년 학생들이 동식물에 대한 공부를 함에 있어서 실제 동식물을 접해 보는 것이 더 나은지 아니면 스마트 기기 화면을 통해서 스크린을 손가락으로 문지르며 배우는 것이 나은지를 비교해 보자. 어린 나이일수록 왜 간접적인 경험보다 직접적인 경험이 더 나은지에 대해 쉽게 공감할 수 있을 것이다.

셋째, 지나친 학습공학적인 이론에 빗대어 학생을 조작 가능한 존재로 접근해서는 안 된다. 또한 동기를 향상시키고, 기억을 오래 보전하며, 학습 결과를 가시적으로 보여 줄 수 있는 방식으로 교수-학습의 전략을 다소 비인간적이고 기계적인 방식으로 구성해서는 안 된다. 오히려 학습자의 인간적인 탐구 과정을 존중하여 학습자 스스로 학습에의 열의와 욕구를 높일 수 있는 보다 본질적인 지적 탐구를 지향하는 교수-학습 활동이 미래학교에서 가능하도록 해야 한다.

3) 바른 인성 함양을 위한 역량교육 강화

교육은 개인적으로는 인간을 자유롭고 행복하게 하는 행위이지만 사회적으로는 더불어 살아갈 수 있는 능력을 길러 주는 것이다. 21세기를 맞이하여 다양한 문화권 간에 일어나고 있는 각종 갈등과 충돌을 완화하고 더불어 사는 세상을 만들어 나가기 위해 국제기구들이 바람직한 제안을 하고 있으며, 특히 OECD는 역량 중심의 교육을 제안하고 있다.

OECD 등이 미래사회의 변화에 대비하기 위해서 역량 중심의 교육을 강조하고 있는 입장의 초점은 '비인지적인 교육 내용'에 있다고 해도 과언이 아니다(류성창, 2012). 왜냐하면, 비교적 선진국인 회원국을 비롯하여 대다수의 국가에서 지적인 내용을 중심으로 학교교육이 이루어지고 있으며, 이는 지금과 같은 교육이 미래시대의 사회와 직업 변화에 적절히 대처할 수 있는 인재를 길러 낼 수 없다는 자각에 근거한 것이기 때문이다.

비인지적 미래역량을 미래학교의 교육과정에 포함하는 경우, 현실적으로 고려해야 하는 또 하나의 중요한 사항은 그 종류와 개수를 단순화해야 한다는 점이다. 우리나라 학생들에게 현재 가장 필요한 역량은 대인관계 역량이나 사회성 관련 역량이므로 '협동적 역량' 한 가지만 집중하여 제대로 가르칠 수 있어도 성공적인 미래학교의 수업이 될 수 있을 것이다.

4) 기초교육과 실용교육 간의 균형 유지

앞에서 논의한 바와 같이, 전통적으로 중요시하고 있는 항존적인 교육 가치를 실현하기 위해 자유교육적인 이상을 미래교육에 반영할 필요가 있다. 그러나 현대를 살아가는 우리에게 고대 그리스의 자유 시민과 같이 경제활동과 무관하고 순수히 앎을 위해서 앎을 추구하는 방식의 학습만을 실시하는 것은 불가능하다. 이것은 고대사회의 전통적인 계급이 무너져 유한계급이 사라졌으며, 현대사회는 모든 사람이 평등하게 육체적·정신적 노동을 하며 살아가야 하는 사회이기 때문이다.

자유교육이 필요한 동시에 경제활동을 영위하기 위한 직업기술의 훈련도 필요한 현대인의 딜레마를 주목할 필요가 있다. 듀이Dewey, 1916는 학교교육에서 자유교육과 직업훈련을 균형 있게 실시할 것을 주문한 바 있다. 즉, 민주주의의 원리는 비단 자유인 등 한 사회의 계층과 관련된 것이라고만 할 수는 없다. 한 개인 안에 있어서도 자유인으로서의 자아와 노동자로서의 자아가 평등하게 교육받고, 평등하게 활동할 수 있어야 진정한 삶의 원리로서의 민주주의가 실현될 수 있다.

5) 한국교육의 특수성 고려

미래학교를 구상함에 있어서 기본적으로 교육의 일반적인 특성을 고려하는 동시에 한국적인 특수 상황도 고려해야 한다. '한국형'

이 필수적으로 고려되어야 하는 이유는 우리나라의 교육문화는 다른 국가의 교육문화와 다르기 때문이다. 특히 미래학교가 실질적으로 논의되며 구체화되어 실행되고 있는 일부 서양국가의 교육문화와 우리의 교육문화는 매우 다르기 때문이다.

그렇다면 한국 교육문화의 특이성은 어디에서 발견될 수 있는 것인가? 우리나라의 학생들은 출생의 순간부터 대입 시험을 준비하기 위해서 유아교육, 초등교육 그리고 중등교육을 거친다는 다소 과장된 말들이 회자될 정도로 대입의 절차는 실로 우리 교육의 현실을 규정하는 주물의 틀과 같이 설정되어 있다. 우리 사회는 전통적으로 입신양명을 중요하게 생각하였으며, 대학 입시는 입신양명을 위한 최초의 관문이다. 그러므로 좋은 대학에 들어가야 취업과 결혼, 출세 등 다음 관문들을 쉽게 통과할 수 있다고 믿는다.

이러한 현실을 감안하면 미래학교를 구상하여 우리나라의 상황에 맞게 실현하기 위해 반드시 고려해야 하는 것은 수업과 평가 방식의 개혁이다. 미래학교의 구상을 논하는 맥락에서는 대입이라는 거대 정책의 변화를 시도하는 것이 적절치 못하다. 오히려 최소한 내신 성적을 산출하는 주체인 학교 단위의 수업과 평가만이라도 보다 선진적이고 교육적으로 타당한 방식으로 이루어지도록 해야 한다.

6) 교육과정의 적정화와 수업 방식의 변화

학생이 지적 탐구를 정상적으로 할 수 있도록 도와주고, 학생의 사회정서 역량을 키워 더불어 살기 위한 능력을 길러 주는 매우 중요한 역할을 담당하는 사람은 바로 교사이다. 이런 관점에서 보면 교사는 교육에서 가장 중요한 위치를 점하고 있으며, 따라서 교사가 가지고 있는 생각과 능력이 중요하다.

한국형 미래학교의 교사는, 첫째, 현재 우리 교육계가 꾸준히 추진하고 있는 학교 및 교사 단위의 교육과정 운영의 자율성 제고 분위기에 맞게 교육의 내용을 학습자의 특성, 흥미, 적성에 따라 재구성할 수 있는 교과 내용 전문성을 갖추어야 한다. 그러나 우리 교육 현장은 이러한 교사의 교육과정 운영의 자율성 제고라는 방향과 관계없이 여전히 교과서 중심, 시험 범위 중심, 진도 중심의 교과 내용 운영의 경직성을 보여 주고 있다.

현재 교육과정에서 규정하고 있는 교육 내용이 지나치게 많다는 비판이 있다. 싱가포르에서도 지나치게 많은 양의 내용을 가르치는 것을 경계하기 위해 교사들에게 '적게 가르치지만 더 많이 배우게 한다Teach Less, Learn More.'는 정신을 강조하고 있다. 정부는 교육과정에서 규정하고 있는 교육 내용의 양이 적절한 지 검토하여 핵심적인 내용 중심으로 적정화해야 하고, 교사는 주어진 교육과정을 어떻게 학생들이 학습하도록 할지를 연구해야 한다.

둘째, 한국형 미래학교의 교사는 구성주의적인 교수-학습 방법에 있어서 높은 전문성을 가지고 있어야 한다. 앞서 논의한 바와 같이, 전통적인 지적 내용과 미래지향적인 비인지적 교육 내용은 구성주의적인 탐구, 발견, 참여형 학습을 통해서 습득될 수 있다. 그러므로 미래학교의 교사는 학생들의 탐구활동을 도울 수 있는 코칭 기술, 이해와 열의를 이끌어 낼 수 있는 대화 기술, 구성주의적인 발견학습이 가능하도록 교육 내용을 재구성할 수 있는 기술을 보유해야 한다. 그리고 다양한 학생들이 프로젝트학습 등에 참여할 수 있도록 유도할 수 있는 수업 방식의 전문성 등을 갖추어야 한다.

셋째, 한국형 미래학교의 교사는 높은 평가 전문성을 확보하여야 한다. 교사가 질적 평가 방법에 대하여 자신감을 가지고 실행할수 있을 정도의 전문성을 확보해야만 질적 평가가 정상적으로 실시될 수 있다. 교사의 평가 전문성이 확보되어야 지적 탐구와 비인지적 역량의 학습 활동이 비로소 제대로 평가될 수 있다. 학생을 추천할 때도 정확한 평가에 기초하여 엄정하게 해야 교사의 평가에 대한 권위를 인정받을 수 있다. 교사는 공정한 평가를 통해 스스로 권위를 세워 나가야 한다.

7) 평가 방식의 변화

현재 우리나라의 교육평가는 객관식 선다형, 양적 평가가 주를 이루고 있다. 평가의 개혁을 통해 교육 정상화를 이루려는 시도가 과거에도 여러 차례 있었으나, 현장은 이러한 양적 평가 위주의 교육에서 크게 벗어나지 못하고 있다. 양적 평가의 대표적인 사례인 미국의 「아동낙오방지법」No Child Left Behind: NCLB_Public Law 107-110, 2001 과 같이 기초학력 미달 학생 및 학교에 대한 지원을 체계화하였던 정책과 비슷한 방식으로 실시하는 국가수준 학업성취도평가가 있다.

국가수준 학업성취도평가를 실시하는 목적은 기초학력이 미달하는 학생을 확인하고, 이들이 기초학력을 기를 수 있도록 도와주는 것이다. 그러므로 학생 전체를 대상으로 하지 않고 3%의 샘플을 대상으로 하면 원래의 취지를 살릴 수 없다. 미국은 2015년 「아동낙오방지법」을 더욱 발전시켜 「학생성공법Every Student Succeeds Act: ESSA」Public Law 114-95, 2015을 통과시키고, 2017년까지 객관식 선다형 평가를 없애는 노력을 적극적으로 시도하고 있다.

최근에는 질적 평가의 대표적인 사례로서 입학사정관들이 입학 서류를 질적으로 검토하여 대학입학을 결정하도록 한 학생부 종합 전형이 있다. 그리고 정부가 수능과 내신 성적을 상대평가가 아닌 절대평가로 산출하여 학생들이 경쟁보다는 학업 내용에 초점을 맞출 수 있도록 한 성취평가제가 시도되고 있다. 향후 충분한 검토가 필요한 정책이다. 말하기와 듣기, 쓰기 등 영어교육의 다양한 분야가 정상화될 수 있도록 개발된 새로운 영어평가 프로그램인 국가영어능력평가시험National English Ability Test: NEAT도 있지만 현장에 정착하지 못하고 있다.

이처럼 좋은 의도를 가진 정책들이 도입되었지만 실제 학생들이 준비하고 점수를 얻어야 하는 평가가 변화하지 않은 상황에서 실효성 있는 결과를 얻지 못하였다. 이와 같은 질적 평가를 실제로 실시할 수 있는 환경이 한국형 미래학교에 조성되어야 한다. 그리고 학교장과 교사들이 질적 평가의 취지, 이론, 실행에 대해서 깊이 이해해야 한다.

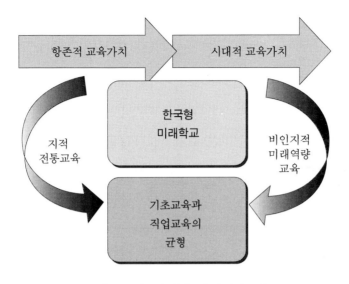

[그림 3-3] 한국형 미래교육의 설계 구상

자료: 김태완(2015).

　이상과 같이 한국형 미래학교를 구상함에 있어서 이론적으로 기초가 될 수 있는 설계상의 일곱 가지 기본적인 고려 사항을 참고로 하여 그린 개념도는 [그림 3-3]과 같다. [그림 3-3]에서 보는 바와 같이 교육의 항존적 가치는 '인간을 자유롭고 행복하게 하는 것'이며, 교육의 시대적 가치는 '더불어 사는 능력을 길러 주는 것'이라고 할 수 있다.

　교육의 항존적 가치는 지적 전통교육으로 이어져 오고 있으며, 시대적 가치는 사회정서적 능력, 즉 비인지 역량을 길러 주는 것이라 할 수 있다. 이것은 자연스럽게 기초교육과 직업교육으로 연결된다. 한국형 미래학교는 이러한 교육의 항존적 가치와 시대적 가치를 모두 제대로 반영하여 만들어야 한다.

지금까지 미래교육을 위해 인간이 길러야 할 5대 능력을 살펴보았다. 또한 입신양명을 위한 교육을 넘어서야 하는 이유를 살펴보고, 미래인재의 모습을 그려 보았다. 그리고 미래교육 설계를 위한 기본 틀을 살펴보았다. 미래교육은 인간을 자유롭고 행복하게 하는, 교육의 본질을 실현하는 길로 나아가야 함을 천명하였다.

제4장
미래교육의 비전과 전략

앞선 장들에서 미래사회에 대한 전망과 미래교육에 대한 기본적인 구상 및 설계를 살펴보았다. 미래사회를 대비하기 위해 현재 존재하는 지식과 정보를 학습하도록 하는 것만으로는 부족하다. 이제 우리 교육계에 필요한 것은 거대 정책에 대한 논의가 아니라, 교사들이 참고할 수 있는 이상적인 사례이다. 특히 한국교육은 신축 아파트의 모델하우스와 같은 롤모델이 필요하다.

그러므로 우리나라의 교육문화적인 특수성 등을 반영하여 한국교육을 이끌어 갈 수 있는 미래교육의 모델이 제시되어야 한다. 이러한 롤모델 학교를 통해서 교사는 궁극적으로 입시 중심의 교육, 서열화와 경쟁에 찌든 교육, 문제풀이 위주의 암기교육에서 벗어나 인간 행복을 위한 교육, 그리고 미래사회의 변화에 대비하여 능동적으로 대처하는 인재를 길러낼 수 있는 미래교육으로 한국교육을 이끌어 갈 수 있다.

이 장에서는 미래학교 교육체계를 예시를 들어 살펴본다. 미래학교의 비전, 교육이념, 교육목표, 주요 가치, 그리고 핵심 전략 등도 함께 고찰한다. 이 교육체계는 하나의 예시이므로 교사는 자신이 생각하는 교육체계를 만들어 그 체계에 따라 교육하는 것이 바람직하다. 이어서 우리 교육의 가장 취약한 부분인 인성교육을 사회정서교육 강화의 입장에서 살펴본다. 그리고 교육의 핵심인 수업을 미래 사회에 맞게 하기 위해 어떻게 바꾸어 나가야 하는지도 검토해 본다.

1. 미래학교 교육체계

교사는 누구나 자신이 생각하는 미래학교 교육체계를 구상할 수 있다. 〈표 4-1〉은 하나의 예시로서, 필자가 생각하는 미래학교 교육체계의 비전, 교육이념, 교육목표, 주요 가치, 전략과 과제를 정리한 것이다. 우선 '모든 아동이 건강한 사회에서 자유롭고 행복한 삶을 산다All Children's Free & Happy Life in the Healthy Society.'를 비전으로 한다. 다음으로, 인간세상을 널리 이롭게 한다는 '홍익인간 정신의 함양Hongik Ingan: A Korean Spirit of the Humanitarian Ideal'을 교육이념으로 한다. 그리고 '미래 세대의 바른 마음 함양과 창조적인 사고 능력 개발Righteous Mind and Creative Thinking of Future Generations'을 교육목표로 한다.

주요 가치는 '신뢰trust' '공감empathy' '헌신commitment' 그리고 '도전challenge' 등으로 하고, 핵심전략은 '심층학습이 가능한 미래학교를 만든다.'로 한다. 구체적인 여섯 개의 전략에 따른 과제들을 설정하고 있으며, 여기에 담긴 내용은 충분히 검토하여 더 발전시킬 수 있다.

〈표 4-1〉 미래학교의 비전, 교육이념과 목표, 주요 가치, 전략과 과제(예시)

비전	모든 아동이 건강한 사회에서 자유롭고 행복한 삶을 산다.	

⇑

교육이념	홍익인간 정신의 함양	

⇑

교육목표	미래 세대의 바른 마음 함양과 창조적인 사고 능력 개발	

⇑

주요가치	신뢰, 공감, 헌신, 도전	

⇑

핵심전략	심층학습이 가능한 미래학교를 만든다.	
전략 1	개인과 사회의 기본을 튼튼하게 한다.	과제 1: 학생의 행복과 성공적인 생활의 기본이 되는 신체적 · 지적 · 사회적 · 정서적 · 도덕적 발달을 중시한다.
		과제 2: 다양한 문화권을 배경으로 하는 사람들과 더불어 사는 능력을 개발하고, 사회의 지속 가능 발전에 기초한 교육 내용을 개발하고 학습한다.
전략 2	21세기 핵심역량을 기를 수 있도록 학교 문화와 가치를 변화시킨다.	과제 1: 학생들이 실제 세계를 학습하는 과정에서 소통, 협업, 비판적 사고, 창의성, 인성, 시민의식 등 21세기 핵심역량을 기를 수 있도록 한다.
		과제 2: 교육 관련 제도와 형식을 최소화하여 학생과 교사 간, 학생 간 신뢰, 공감, 헌신, 도전 가치 등을 몸에 익힐 수 있도록 한다.
전략 3	바른 인성과 탐구 능력을 길러 주기 위해 수업과 평가 방식의 변화를 가져온다.	과제 1: 강의식 수업을 줄이고, 바른 인성과 탐구 능력을 길러 주는 심층학습이 가능한 프로젝트학습 등 다양한 수업 방식을 적용한다.
		과제 2: 양적 개념으로 하고 있는 수행평가를, 바른 인성과 탐구 능력을 길러 주는 심층학습이 가능하도록 질적 개념을 가지고 한다.

전략 4	교사와 예비 교사가 다양한 미래형 수업과 평가를 할 수 있도록 교육한다.	과제 1: 현직 교사가 학생의 바른 인성과 탐구 능력을 길러 주기 위해 다양한 방식의 수업을 디자인하고 실행할 수 있도록 교육청과 학교의 교사 재교육 프로그램을 개편·운영한다.
		과제 2: 교사 양성기관의 예비교사가 학생의 바른 인성과 탐구 능력을 길러 주기 위해 다양한 방식의 수업을 디자인하고 실행할 수 있도록 교육 내용과 방법을 개편·운영한다.
전략 5	코딩교육을 의무화하고, 교수-학습용 테크놀로지를 활용한다.	과제 1: 초·중·고등학교 전 학년을 통해 코딩교육을 할 수 있도록 교육과정을 개편하고 교사를 재교육한다.
		과제 2: 학습을 위한 교육용 게임 등의 소프트웨어와 스마트폰 등 다양한 스마트 기기를 최대한 활용한다.
전략 6	학부모와 지역사회의 인적·물적 자원을 활용한다.	과제 1: 학부모는 물론 지역사회의 박물관, 미술관, 과학관, 역사관 등 각종 사회교육기관을 활용한다.
		과제 2: 지역사회의 공공기관은 물론 회사와 공장 등 민간 기관을 통해 현장학습과 인턴십을 확대·실시한다.

자료: 김태완(2015).

1) 비전: 모든 아동이 건강한 사회에서 자유롭고 행복한 삶을 산다

미래학교의 비전은 '모든 아동이 건강한 사회에서 자유롭고 행복한 삶을 산다.'로 한다. 그동안 우리 개인의 삶은 성공을 위해 행복을 희생한 면이 있었다. 특히 어려운 경제 상황을 겪으면서 행복보다 생활이 우선시되던 시대를 살아왔다. 먹고 사는 경제 문제가 어느 정도 해결된 이후, 우리는 어떻게 사는 것이 잘 사는 것인지 생각하게 되었다. 최근 젊은 세대는 행복을 중요하게 생각하는 경향이 증가하고 있다. 이것은 자연스러운 일이며, 그러한 생각은 미래학교에도 그대로 적용할 수 있다.

그동안 교육은 국가 발전의 수단으로 많이 거론되었다. 근대화 과정에서는 경제발전을 위한 인력 양성이 우선적으로 강조되었다. 경제가 어느 정도 수준에 오른 최근에 교육은 사회 양극화로 인해 갈등을 겪고 있는 우리 사회를 통합하는 하나의 수단으로 인식되고 있다. 교육이 경제발전이나 사회통합을 위한 수단 혹은 도구적인 가치를 가진다는 것을 강조하는 것도 중요하다. 하지만 교육 그 자체의 의미와 가치를 회복하는 것이 중요하다. 그러므로 '인간을 자유롭고 행복하게 하는 교육의 항존적인 가치의 실현'이 바로 비전이 되어야 한다. 그렇게 되면, 그동안 경제나 사회 발전의 수단으로서 인식되어 온 교육이 제 역할을 하고 정상적으로 기능하게 될 것이다.

한편, 우리가 살고 있는 사회가 건강한 사회여야만 개인의 자유롭고 행복한 삶이 가능하다. 옆에 있는 사람이 불행한데 혼자 행복할 수는 없다. 우리가 살고 있는 사회는 여러 가지 문제를 안고 있으며, 광우병 사태와 세월호 참사 등과 같은 대형 사고가 있을 때마다 우리는 우리 사회가 더 건강해졌으면 하고 바란다. 우리 사회에는 그동안 개발도상국의 수준에서 선진국 진입을 위해 압축 성장하는 과정에서 옆도 보지 않고 무리하게 경쟁하는 등 여러 가지 추격형 경제의 폐습들이 남아 있다.

교육 분야도 그렇다. 그동안 가정과 학교는 자녀와 학생에게 바른 마음과 더불어 사는 능력을 길러 주기보다 입신양명적인 사고의 영향으로 인해 조금이라도 더 좋은 학교에 들어갈 수 있도록 사교육을 암묵적으로 인정하고 활용해 왔다. 하지만 폐습을 청산하기 위해 시간과 에너지를 소비하면 역설적으로 폐습의 수렁에 빠지게 되고, 바른 방향으로 나아갈 수 없다. 오히려 새로운 비전을 가지고 건강한 사회와 바른 교육을 지향해 나아가면 시간이 지나면서 잘못된 과거의 모습은 분명하게 드러나고 폐습은 자연스럽게 소멸된다. 그러므로 모든 아동이 건강한 사회에서 자유롭고 행복한 삶을 살게 되는 상황을 비전으로 하여 미래로 나아가야 한다.

2) 교육이념: 홍익인간 정신의 함양

홍익인간은 '인간 세상을 널리 이롭게 한다.'는 뜻으로서, 고조선을 건국한 단군의 건국이념이다. 이 내용은 『삼국유사』일연, 출판년도 미상: 김원중 역, 2008와 『제왕운기』이승휴, 출판년도 미상: 김경수 역주, 1999 등에 실려 있다. 『삼국유사』의 기록에 의하면, 단군은 자신이 세운 국가를 통하여 이 홍익인간 사상을 구체적으로 실현하며, 나아가 이웃 국가 사람들에게도 퍼뜨려 인류공영의 정신을 실현하려고 하였다. 정치와 종교가 분리되지 않은 고대 국가의 통치 이념으로서의 홍익인간 사상은 우리의 윤리 의식과 사상적 전통의 바탕을 이루는 건국이념이다. 이후 우리 사회의 정치, 경제, 사회, 문화, 교육의 최고 이념으로 자리 잡았다. 홍익인간 사상은 국제사회에 잘 알려져 있지 않다. 국내에서도 전통 사상으로만 생각할 뿐 현재와 관련시켜 생각하지 못하고 있다.

국제사회에서 한국은 다른 아시아 국가들과 함께 교육을 잘하는 것으로 알려져 있다. 이것은 OECD가 주관하는 국제학업성취도평가PISA에서 좋은 성적을 내고 있기 때문이라고 할 수 있다. 이 중에서 동북아 국가인 중국과 일본은 가장 가까운 이웃 국가로서 우리나라와 역사적으로 깊은 관계를 갖고 서로 영향을 주고받으며 발전해 왔다. 하지만 우리나라에 비해 중국과 일본은 국제사회에 많이 소개되어 있다.

국제사회에서 중국은 만리장성과 유교의 기틀을 세운 공자 등으로 잘 알려져 있다. 또한 미국의 작가 펄 벅Pearl S. Buck이 쓴『대지』1931는 빈농으로부터 입신하여 대지주가 되는 왕룽王龍을 중심으로 그 처와 아들들 일가의 가족사를 장편소설 형식으로 보여 줌으로써 당시 중국 사회의 내면을 잘 알 수 있게 해 주었다. 이 소설은 영화로도 제작되어 황사와 메뚜기 떼들이 중국의 농토를 황폐하게 하고, 농부들이 힘든 생활을 하는 모습을 그대로 잘 보여 주었다.

일본은 영화와 게임을 통해 사무라이, 닌자 등으로 잘 알려져 있다. 또한 미국의 인류학자 루스 베네딕트Ruth Fulton Benedict가 제2차 세계대전 중인 1944년에 국무부로부터 연구를 의뢰받아 1946년에 발간한『국화와 칼The chrysanthemum and the sword』에 일본의 모습이 잘 소개되어 있다. 손에는 평화를 상징하는 국화를 들고 있지만 허리에는 전쟁을 상징하는 칼로 무장한 일본인의 모습이 일본을 잘 대변하는 것으로 알려져 있다.

이들 저서들은 일본과 중국 사회 내면의 모습을 국제사회에 잘 소개한 책들이다. 우리나라를 잘 알려 준 책과 영화 등은 아직 나오지 않았지만, 인도의 시성 타고르_{Rabindranath Tagore}가 1929년에 발표한 「동방의 등불_{Light of east}」_{주요한 역}이라는 시는 우리나라를 알리는 매우 소중한 글이다. 타고르는 아시아인 최초로 노벨문학상을 수상한 작가이다.

일찍이 아세아의 황금시기에

빛나던 등촉의 하나인 조선

그 등불 한 번 다시 켜지는 날에

너는 동방의 밝은 빛이 되리라

타고르의 시에서는 우리가 동방의 밝은 빛이 될 것으로 보았지만, 우리는 이미 세계의 밝은 빛이 되고 있음을 자랑스럽게 생각한다. 우리가 국제사회에 자랑스럽게 내놓을 수 있는 것은 어떤 것들이 있을까? 우리나라를 대표할 수 있는 것은 많지만 그중에서 가장 먼저 한글을 들 수 있다. 한글은 세계에서 유사한 사례를 찾기 어려울 정도로 순수하고, 창작의 전 과정이 잘 보존된 완벽한 우리의 창작품이다.

한글은 배우기 쉬워서 국민이 문맹으로부터 쉽게 벗어날 수 있도록 해 주었다. 따라서 한글의 우수성과 함께 한글을 만든 세종대왕의 애민정신_{愛民精神}도 자랑스럽게 이야기할 수 있다. 세종대왕의 애민정신은 어디에서 나왔을까? 세종대왕의 애민정신은 5천 년 전 인간세상을 널리 이롭게 하기 위해 국가를 세운 단군의 건국이념인 홍익인간_{弘益人間} 정신에서 나왔다고 감히 말할 수 있다.

현재 국제사회의 74억 인구는 서로 다른 인종과 종교, 이념과 정파를 초월하여 '더불어 사는 것live together'을 가장 중요한 가치로 생각하고 있다. 5천 년 전의 건국이념인 홍익인간 사상이 현대의 이념과 가치에 너무 잘 맞는 것은 정말 신기할 정도이다. 세계의 모든 사람이 평화로운 세상에서 서로 도우며 사는 것을 가장 중요하게 생각하는 홍익인간 사상이 건국이념으로서 우리 정신세계의 근저를 이루고 있다.

홍익인간 사상은 한국인의 정신세계를 대변하는 고유 브랜드로서, 수정하거나 가감하지 않고 국제사회에 그대로 내놓아도 조금도 손색이 없는 시대적인 가치이자 이념이라고 할 수 있다. 홍익인간 정신the Spirit of the Humanitarian Ideal은 한국인의 정신Korean Spirit이다. 그러므로 교육의 이념과 목적은 '홍익인간 정신'을 함양하고, 이를 실천하는 인재를 양성하는 것이라고 할 수 있다.

이와 같이 홍익인간 사상은 다른 사람과 더불어 사는 공존공생을 넘어서서 인간이 사는 세상을 널리 이롭게 하는 적극적인 의미를 담고 있다. 나아가 세계의 전 인류가 이 정신으로 함께 발전해 나가도록 한다는 의미이므로 민주주의의 기본 이념과 부합한다. 또한 기독교의 박애정신, 유교의 인 사상 그리고 불교의 자비심과도 통하는, 전 인류의 정신적인 이상을 잘 표현하는 사상이라고 할 수 있다. 그러므로 홍익인간 사상은 인간과 인류에 대한 헌신과 봉사정신을 담은, 우리의 민족적 이상이 담긴 민족정신의 핵심 사상이라고 할 수 있다.

백범 김구 선생은 『백범일지』도진순 편, 2005에서 "인류가 현재에 불행한 근본 이유는 인의가 부족하고, 자비가 부족하고, 사랑이 부족한 때문이다. 이 마음만 발달이 되면 현재의 물질력으로 20억이 다 편안히 살아갈 수 있을 것이다. 인류의 이 정신을 배양하는 것은 오직 문화이다. 나는 우리나라가 남의 것을 모방하는 나라가 되지 말고, 이러한 높고 새로운 문화의 근원이 되고, 목표가 되고, 모범이 되기를 원한다. 그래서 진정한 세계의 평화가 우리나라에서, 우리나라로 말미암아서 세계에 실현되기를 원한다."고 하였다.

김구 선생은 우리의 정신은 문화에 의해 배양됨을 강조하며, 문화국이 되도록 노력할 것을 촉구하고 있다. 단군의 홍익인간 이상이 실현될 수 있는 문화를 만들어 나가는 것이 우리의 과제임을 알게 해 준다. 홍익인간 사상은 물질만능주의 시대에 인간을 가장 중요하게 생각하는 한국인의 정신인 동시에 전 인류가 더 나은 세상을 위해 새롭게 조명하고 공유할 수 있는 사상이다. 우리는 이러한 사상이 자랄 수 있는 문화를 만들고, 홍익인간 정신을 우리의 2세들에게 심어 주어야 한다.

우리나라가 다른 국가와 달리 전통적으로 평화를 크게 강조하는 것도 홍익인간 정신에서 나오는 것이라고 할 수 있다. 한 국가의 건국 역사에 박애 정신이 들어 있는 국가는 거의 없다. 하지만 반만년 전 조선을 세운 단군의 이 애민 · 박애 정신은 바로 백성이 전쟁의 위기에 처했을 때 이를 단연코 물리친 역사를 통해 나타나고 있다. 예를 들어, 고려시대 거란의 침략을 물리친 서희 장군의 용기와 임진왜란에서 목숨을 바치며 나라를 지킨 이순신 장군의 애국 · 애민정신이 이와 상통한다고 생각해 볼 수 있다. 일반 백성이 사용할 수 있는 한글을 만든 세종대왕의 정신은 애민정신의 극치라고 할 수 있다.

홍익인간은, 첫째, 더불어 사는 능력을 강조하는 국제적인 추세에 맞고, 둘째, 200만 명에 이르는 외국인 인구의 유입과 증가로 인해 다문화 사회로 나아가고 있는 우리 사회에 새삼스럽게 필요한 사상이며, 셋째, 우리의 전통문화를 배경으로 나온 이념이므로 남북통일 이후 남북한 교육통합 과정에서 북한 주민에게 거부감 없이 수용될 수 있는 이념이고, 넷째, 우리가 살고 있는 지구 환경을 보존함에 있어 지역과 세대를 넘고 국가 단위를 넘어서서 범세계적으로 지속적인 발전을 추구하는 지속 가능 발전sustainable development 개념을 내포한다.

페스트라이시Pastreich, 2013는 반만년 역사를 가진 대한민국의 건국이념이면서 고유한 전통적인 개념인 홍익인간 사상을 매우 높게 평가하고, 국제사회의 이념적인 지평을 넓힐 수 있는 유용한 개념으로 보았다. 그는 저서『한국인만 모르는 다른 대한민국』2013에서 "홍익인간 정신의 핵심은 모든 사람이 자신의 가치를 깨닫는 것이며, 그 깨달은 가치를 나를 넘어서 다른 사람, 사회, 국가, 그리고 이 지구를 위해 쓰는 것이다."고 말하고 있다. 반만년 전에 국가를 만들면서 내세운 우리의 건국이념이 현재에도 국제사회의 전 인류가 지향해 나아갈 보편적 이념으로서 매우 적합하다는 것은 놀라운 일이다.

이것은 유네스코의 세계교육포럼2015이 제창한 '세계시민이 되도록 교육한다global citizenship education.'는 선언과도 합치하는 개념이다. 교육의 궁극적인 목적이 개인의 능력을 개발하여 발전시키고, 이 능력을 자신은 물론 다른 사람과 사회에 유익하게 사용하는 것임을 생각하면, 홍익인간 사상은 미래교육의 이념으로서도 매우 적합하다고 할 수 있다. 우리가 꿈꾸는 이상적인 사회는 모든 개인이 행복하고 평화롭고 건강한 사회가 아닌가? 이를 위해 인간을 가장 소중하게 여기고 인간세상을 널리 이롭게 하려고 하는 홍익인간 사상은 미래교육의 이념으로서 가장 적절하다고 할 수 있다.

3) 교육목표: 미래 세대의 바른 마음 함양과 창조적인 사고 능력 개발

'바른 마음Righteous Mind'은 정직하고 솔직하며 모든 개인을 나이나 성별, 배경이나 신분 등에 관계없이 동등하게 대하는 투명한 인성이라고 할 수 있다. 다른 사람과 신뢰할 수 있는 관계를 이루고, 정의로운 사회를 이룰 수 있는 가장 중요한 덕목이다. 바른 마음은 마치 기반을 수평으로 한 반석 위에 집을 짓는 것과 같이 중요하다. 기반이 수평을 잘 이룬 건축은 그 위에 얼마든지 쌓아 올릴 수 있지만, 바르지 않은 기반 위에는 어떤 것도 안정되지 못하고 무너지기 때문에 쌓을 수가 없다.

바른 마음은 사회지도자뿐만 아니라 모든 사람이 갖추어야 할 능력이며, 다른 어떤 능력보다 중요한 능력임을 인식해야 한다. 정의로운 사회, 공정한 사회는 개인의 바른 마음으로부터 시작한다. 모든 것이 공개되고 투명하게 되는 사회에서 바른 마음은 사리 판단의 중요한 중심 역할을 담당한다. 바른 마음이 없으면 바른 사회를 만들 수 없다. 바른 사회가 되지 않으면 창조적인 사고를 발전시켜 나가기 어렵고, 행복한 삶을 살 수 없으며, 공정하고 건강한 사회를 이룰 수 없다. 그러므로 미래 세대가 반드시 바른 마음을 가질 수 있도록 도와주어야 한다.

'창조적 사고Creative Thinking' 능력은 21세기 핵심역량의 하나로서 새로운 것을 생각하고 만들어 나가는 과정에서 가장 중요한 지적 능력이다. 더 이상 추가적인 설명이 필요 없을 정도이다.

4) 주요 가치: 신뢰, 공감, 헌신, 도전

미래학교가 중요하게 생각하는 주요 가치는 신뢰trust, 공감empathy, 헌신commitment 그리고 도전challenge 등이다.

첫째, '신뢰'는 인간관계와 사회관계를 형성하는 데 가장 중요한 가치이며, 특히 현재 우리 사회가 가장 필요로 하는 가치이다. 우리 사회는 현재 세대 간, 지역 간, 다양한 사회계층 간 소통의 문제를 겪고 있으며, 그 배경에는 상호 신뢰의 부족이 자리 잡고 있다. 신뢰는 이러한 문제들을 극복하기 위해 가장 중요하게 생각하고 길러 나가야 할 가치이다.

둘째, '공감'은 자신보다 더 힘든 상황에 있는 같은 세대의 청소년들이 느끼는 감정과 정서에 대해 마음으로 공감하고 위로하고 격려하며 어려운 일을 함께 이겨 낼 수 있도록 하는 중요한 가치이다. 청소년은 현실적으로 학업과 취업 등으로 인해 많은 스트레스를 받으며 생활하고 있다. 하지만 같은 문화권이나 인종, 종교, 성별 등의 벽을 넘어 다른 문화권에 있는 청소년의 문제에 대해서도 공감할 수 있어야 한다.

셋째, '헌신'은 자신이 성취하고자 하는 목표를 달성하기 위해 현재 하고 있는 일에 스스로 최선을 다하여 집중력을 발휘하는 동시에 사회 전체의 균형 잡힌 발전을 위해 사회적 약자를 배려하고 이들에게 봉사하는 가치를 지칭한다. 개인과 사회의 안녕과 공생 발전을 위해 중요한 가치이다.

넷째, '도전'은 미래 세대가 어려운 일에 도전하여 원하는 바를 이루어 낼 수 있도록 해 주는 매우 중요한 가치이다. 좋은 환경에서 고생을 모르고 자란 청소년들이 갈수록 나약해지는 경향이 있으므로 도전 가치는 모든 것이 불확실한 미래를 살아가는 데 가장 우선적으로 길러 주어야 하는 가치이다.

5) 핵심 전략: 심층학습이 가능한 미래학교를 만든다

미래학교의 핵심 전략은 '심층학습이 가능한 학교를 만든다.'이다. 디지털 혁명시대 교육의 핵심 과제는 현재의 표층학습surface learning을 넘어서서 심층학습deep learning을 하는 것이며, 이것은 수업을 바꾸어 학교를 바꾼다는 전략이다. 우리 사회는 수직적인 사회로부터 수평적인 사회로 전환하고 있는 과정 중에 있다. 수직적인 사회의 폐해인 '갑질'을 청산하고 정의로운 사회, 공정한 사회를 만드는 것이 가장 큰 과제이다.

이러한 시대적인 변혁기에 가장 요구되는 인성이 바로 바른 마음이다. 제2장에서 미래교육이 나아가야 할 방향의 하나로 바른 마음을 길러 주는 것을 제시하였다. 창조적인 사고 능력이 핵심인 창업지향적인 교육도 미래교육의 방향으로 제시하고 있다. 현재 학교에는 매우 많은 문제가 있다. 이 많은 문제를 모두 한꺼번에 해결하려고 한다면 하나도 제대로 성취하지 못한다. 학교의 변화를 가져 오기 위해 모든 노력을 한 곳에 초점을 맞추어 집중해야 한다.

학교를 바꾸는 일은 쉽지 않지만 모든 사람이 한 곳에 집중하여 힘을 모으면 충분히 변화를 일으킬 수 있다. 그 한 곳이 바로 매일 학생과 교사가 함께 가장 많은 시간을 보내는 수업이다. 수업을 바꾸어 바른 마음과 창조적인 사고 능력을 길러 주어야 한다. '심층 학습이 가능한 학교를 만든다.'는 핵심 전략을 실현하기 위해 설정된 여섯 가지 전략은 다음과 같다〈표 4-1〉 참조.

(1) 전략 1: 개인과 사회의 기본을 튼튼하게 한다

기본을 튼튼하게 하는 것은 개인과 사회의 유지와 발전을 위해 가장 중요한 가치이다. 흔히 서양사회에서는 '기본으로 돌아간다 Back to the Basics.'란 표현을 사용하고 있으며, 동양사회에서는 '기초를 튼튼하게 다진다.' 또는 '초심으로 돌아간다.'는 표현을 사용한다. 개인의 기본이라고 할 수 있는 신체적·지적·사회적·정서적·도덕적 능력을 튼튼하게 하는 것은 바로 개인의 행복과 성공을 위해 가장 중요한 전략이다.

마찬가지로 사회의 기본이 튼튼해야 서로 신뢰할 수 있고, 건강한 사회를 이룰 수 있다. 특히 다양한 문화권을 배경으로 하는 사람들이 어울려 살기 위해 서로 존중하는 문화를 만드는 것은 사회의 기본을 튼튼하게 하는 것이다. 또한 사회가 지속적으로 발전해 나가기 위해 미래세대가 살아가야 할 환경을 잘 보존하는 일도 사회의 기본을 튼튼하게 하는 일이다.

(2) 전략 2: 21세기 핵심역량을 기를 수 있도록 학교문화와 가치를 변화시킨다

21세기를 살아가야 할 학생들은 미래사회가 필요로 하는 역량을 길러야 한다. 흔히 21세기 핵심역량으로 추천되는 소통, 협업, 비판적 사고, 창의성, 인성, 시민의식 등이 학교교육을 통해 길러질 수 있도록 해야 한다.

학교교육과 관련한 여러 가지 제도와 형식은 교사-학생 간의 인간적인 관계를 가로막는 역할을 한다. 이러한 제도와 형식을 최소화하여 학생-교사 간 그리고 학생-학생 간 신뢰, 공감, 헌신, 도전 등의 가치를 몸에 익힐 수 있도록 교육한다.

(3) 전략 3: 바른 인성과 탐구 능력을 길러 주기 위해 수업과 평가 방식의 변화를 가져온다

미래학교에서는 바른 인성과 탐구 능력을 길러 주기 위해 교사가 강의식 수업을 줄이고, 거꾸로학습, 하브루타학습, 프로젝트학습 등 다양한 수업 방식을 적용하여 심층학습이 가능한 수업을 해야 한다.

현재 학교에서 이루어지고 있는 수업은 대부분 강의식으로 진행되고 있으며, 학생들의 수행 활동이 거의 없기 때문에 수행평가를 제대로 할 수 없다. 앞으로 수업이 학생들의 수행활동을 중심으로 이루어지면 교사는 수행평가를 제대로 할 수 있게 될 것이다.

(4) 전략 4: 교사와 예비 교사가 다양한 방식의 미래형 수업과 평가를 할 수 있도록 교육한다

학교에서 가장 중요한 사람은 학생과 교사이다. 특히 교사는 미래사회에 필요한 심층학습이 가능한 다양한 방식의 수업을 할 수 있고 수업을 디자인할 수 있어야 한다. 이를 위해 교육청은 교사 재교육 프로그램을 개편하여 운영해야 한다.

교사양성 기관인 교육대학과 사범대학 등에서도 예비 교사가 심층학습이 가능한 다양한 방식의 수업을 할 수 있고 수업을 디자인할 수 있도록 교육 내용과 방법을 개편하여 운영하도록 한다.

(5) 전략 5: 코딩교육을 의무화하고, 교수-학습용 테크놀로지를 활용한다

현재 중학교의 기술 과목에서 부분적으로 시행되고 있는 코딩교육을 확대하여 기술 과목의 대부분을 코딩교육으로 개편할 필요가 있다. 고등학교에서는 선택과목인 정보 과목을 필수화하고, 고급 수준의 코딩advanced coding교육을 하여 학생들이 스스로 프로그램을 만들 수 있도록 해야 한다.

초등학교에서도 산수 과목에서 체계적인 사고력 개발을 위한 컴퓨팅적 사고computational thinking교육을 포함하여 코딩교육을 해야 한다. 이를 위해 초·중·고등학교 전 학년을 통해 교육과정을 개편하여 코딩교육을 의무화하고 담당 교사를 재교육해야 한다. 또한 학습을 위한 교육용 게임 등의 소프트웨어와 스마트폰 등 다양한 스마트 기기를 학습에 최대한 활용해야 한다.

현재 세계적인 추세는 대학과 대학원에서 배우는 통계를 중등학교 수학 과목에서 배우도록 하는 것이다. 빅데이터에 대한 이해와 분석 능력, 예컨대 데이터 구조와 분석, 시각화visualization, 연계성connectivity 등 인공지능AI에 대한 내용을 교육할 필요가 있다.

(6) 전략 6: 학부모와 지역사회의 인적·물적 자원을 활용한다

앞으로는 사회 전체가 교육한다는 개념으로 학부모는 물론 지역사회의 박물관, 미술관, 과학관, 역사관 등 각종 사회교육기관을 활용하여 교육한다. 이러한 사회교육기관은 학생들을 위한 교육 프로그램을 자체 개발하여 최대한 기여하도록 해야 한다.

또한 지역사회의 공공기관은 물론 회사와 공장 등 민간기관은 학생을 위한 현장학습과 인턴십 프로그램을 만들어 제공하도록 해야 한다. 사회의 모든 기관이 교육적인 기능을 수행할 수 있도록 하는 것은 미래사회 전체가 학습사회learning society로 나아가도록 하는 길이다.

2. 사회정서학습을 통한 인성교육 강화

1) 사회정서학습이란

부모와 교사가 자녀와 학생을 교육할 때 가장 힘든 것이 인성교육이다. 지식 부분은 전통적으로 해 오던 것이 있기 때문에 어떻게 하든 할 수 있다. 제3장의 [그림 3-3]에서 보는 바와 같이 미래교육에서는 비인지적인 능력이 더욱 중요해지기 때문에 한층 더 신경을 써서 교육해야 한다. 하지만 부모는 자녀가 오로지 공부만 하면 만족하고 감사하게 생각한다. 또한 자녀가 집안에서 해야 할 일이나 사회적인 일도 시키지 않고 부모가 모두 대신해 주는 경향이 있다. 모든 학생이 공부에 올인하기 때문에 격심한 경쟁 속에서 공부만 해도 자녀에게는 벅차기 때문이다.

자녀가 성장하여 다른 사람은 물론 부모조차 배려하지 못하고 자기만 생각하는 괴물과 같이 되었을 때는 후회해도 이미 늦다. 교사는 인성교육을 가정의 몫으로 생각하고 아예 관심을 두지 않는 경향이 있다. 교사도 학생들을 공부시키는 것만 해도 힘들다고 생각한다. 그동안 학교는 전통적으로 지적이고 인지적인 영역을 중시해 왔다. 그러나 향후 학교는 학생의 지적 능력을 키워 줌과 동시에 사회정서 능력도 키워 주어야 한다.

제2장에서 미래교육의 방향을 이야기하는 과정에서 가장 중요한 방향으로 '바른 마음을 길러 주어야 한다.'는 것이 제시되었다.

바른 마음은 건축의 주춧돌과 같이 인간에게 가장 중요한 인성이다. 바른 마음 위에 창조적인 사고가 가능하고, 결과적으로 한 인간의 성장과 행복 그리고 성공이 가능하기 때문이다. 사회정서학습은 개인의 인성에서 가장 중요한 바른 마음을 길러 주기 때문에 바람직한 미래교육을 위해 더욱 강화해 나가야 한다.

제3장에서 인간의 다섯 가지 능력을 소개한 것을 기억해 보자. 빙산의 10%는 물 밖에 나와 있고, 이들은 인간의 신체적인 능력과 지적인 능력임을 설명하였다. 물속에 있는 90%는 사회적 능력, 정서적 능력 그리고 도덕적 능력임을 소개하였다. 우리 사회는 그동안 도덕적 능력은 비교적 많이 강조해 왔다. 그러나 사회적 능력과 정서적 능력은 소홀히 해 왔다. 미래사회는 이 사회정서적인 능력, 즉 비인지적인 능력이 중요한 시대이다. 인간의 모든 활동 에너지가 좋아하는 마음과 같은 정서적인 능력에서 나오기 때문이다.

그리고 앞서 인간의 감정과 정서는 자동차의 기어와 같다는 이야기를 한 바 있다. 즉, 긍정적인 감정과 정서는 전진 기어와 같아서 자동차가 앞으로 나가도록 가속페달을 밟기 전에 기어를 전진으로 해 두는 것과 같다. 기어가 후진으로 되어 있거나 중립에 있을 때는 가속페달을 아무리 밟아도 앞으로 나가지 않는다. 공부하라고 하기 전에 감정과 정서가 긍정적인 모드로 되는 사회정서학습이 필수적인 이유이다.

개인주의가 발달한 미국도 최근 청소년의 인성교육에 큰 관심을 갖기 시작했다. 학교를 중도에 탈락한 청소년들이 비행을 저지르고, 성인이 된 후에도 비행이 계속되어 사회가 부담해야 하는 비용social costs이 높아짐에 따라 사회에 큰 부담을 주기 때문이다. 다양한 움직임이 있지만 학업을 강조하는 전통적인 아카데미즘과 사회정서학습을 통합하여 접근하는 움직임이 많이 나타나고 있다. 대표적인 것으로 '학업과 사회정서학습의 공동 운용Collaborative for Academic, Social and Emotional Learning: CASEL'이 있다.

사회정서학습social and emotional learning이란 용어는 다소 생소하게 들린다. 쉽게 표현하면, 사회적 능력과 정서적 능력을 기르는 것이다. 즉, 미래사회를 위해 특별히 강조해야 할 인성교육을 의미한다. 사회정서학습을 쉽게 이해하기 위해 예를 들어 보자. 〈표 4-2〉은 미국 알래스카의 앵커리지 학교구에서 학교들이 실시하고 있는, 감정과 정서교육이 목표로 하는 표준 행동을 보여 준다. 앵커리지 학교구는 2011년부터 '학업과 사회정서학습의 공동 운용CASEL'이 권장하고 있는 사회정서학습의 아이디어를 받아들여 실천하고 있기 때문에 이 부문에서 매우 풍부한 경험을 가지고 있다.

이 학교구는 〈표 4-2〉과 같이 학생들이 먼저 자신의 감정 상태를 인지하고 관리할 수 있도록 교육하고 있다. 그리고 다른 사람의 감정을 배려할 뿐만 아니라 좋은 관계를 가지고 함께 일할 수 있는 능력을 기르도록 교육하고 있다. 즉, 학생들이 자신은 물론 다른 사람의 감정과 정서를 배려하며, 이를 바탕으로 학교 구성원의 한 사람으로서 책임 있는 의사결정을 하도록 교육하고 있다.

앵커리지 학교구 내에 있는 모든 학교는 초·중·고등학생들이 15가지 표준 행동을 몸에 익히도록 교육하는 것을 목표로 한다. 학생들은 이 15가지 표준 행동만 몸에 익혀도 왕따를 당하거나 학교폭력이나 괴롭힘을 당하지 않는다. 정서적으로 안정된 학교생활을 할 수 있으며, 나아가 원만한 사회생활을 하고 행복과 성공을 누릴 수 있다. 이것이 바로 사회정서학습의 목표인 동시에 효과이다.

〈표 4-2〉 사회정서학습이 목표로 하는 15가지 표준 행동

구분	인지	관리
자신	• 나는 내가 어떻게 느끼고 있는지 알고, 내 감정을 다른 사람과 소통할 수 있다. • 나는 내가 좋아하는 것과 싫어하는 것을 안다. 나의 강점과 부족한 점도 안다. • 나는 내가 어디서 도움과 지원을 받을 수 있는지 안다. • 나는 학교에서 나의 책임이 무엇인지 안다.	• 나는 나의 감정을 적절하게 다룰 수 있다. • 나는 정직하게 행동할 수 있다. • 나는 적절한 판단을 할 수 있다. • 나는 나를 더 성공적으로 만드는 목표를 설정하고 성취할 수 있다.
다른 사람	• 나는 다른 사람의 감정과 의견을 배려한다. • 나는 우리 학교를 더 좋게 만들기 위해 다른 사람을 배려하고 내 책임을 다 한다. • 나는 다른 사람들의 개인 간 차이점을 배려하고 존중한다. • 나는 내가 다른 사람을 어떻게 인식하고, 다른 사람이 나를 어떻게 인식하는지에 관심을 가진다.	• 나는 다른 사람과 적절하게 소통할 것이다. • 나는 다른 사람과 긍정적인 관계를 가지고 일할 것이다. • 나는 갈등을 건설적인 방식으로 다루는 것을 배울 것이다.

자료: 미국 앵커리지 학교구(http://www.asdk12.org).

2) 사회정서학습이 왜 중요한가

사회정서학습이 왜 중요할까? 미국의 가정과 학교에서는 자녀와 학생이 싫으면 싫다, 좋으면 좋다고 표현하도록 가르친다. 자신의 감정을 표현하지 않으면 하기 싫은 일을 계속 강요당하고 피해를 볼 수 있기 때문이다. 다른 학생으로부터 왕따를 당하고 괴롭힘을 당하고 심지어 폭행을 당할 수 있다. 사회정서학습이 중요한 이유를 다음과 같이 들 수 있다.

첫째, 학생이 자신의 감정 상태를 인식하고 친구의 감정을 고려하여 자신의 감정을 긍정적인 태도로 표현하는 방법을 아는 것이 중요하다. 왜냐하면, 만약 자신의 감정을 인식하지 못해 감정을 표현하지 않거나 친구의 감정을 생각하지 않고 마음대로 표현하면 친구와 정상적인 생활을 하기 어렵게 되기 때문이다. 자신과 친구의 감정 상태를 알고 감정을 상하지 않게 표현할 줄 알면 자신의 문제를 해결하는 방법을 찾는 일이 쉬워진다. 그런 감정 인식이 없고 긍정적인 표현 방법을 모르면 친구관계에서 같은 문제가 반복해서 일어날 수밖에 없다.

둘째, 학생은 사회적인 존재이므로 적절하게 소통할 수 있어야 한다. 소통하기 전에 자신의 감정 상태를 알고 적절하게 다룰 줄 아는 것은 교사와의 관계를 생산적이고 성공적으로 이끌 수 있다. 학생이 교사와 좋은 관계를 유지하면 학업의 성취는 자연스럽게 이루어진다. 학업은 결국 학생이 교사와 얼마나 좋은 관계를 맺을 수 있느냐에 의해 크게 영향을 받기 때문이다.

셋째, 학생이 자신의 감정을 관리할 줄 알고 다른 사람과 좋은 관계를 유지하면 다른 사람으로부터 존중받게 되고 학교에 강한 소속감을 느끼게 된다. 학업을 원만하게 수행함은 물론 다양한 학교 프로그램에의 참여가 늘어난다. 교과외 활동에 적극 참여하게 되고 친구들과 좋은 파트너십을 익히게 된다. 그러므로 사회정서학습은 학생이 사회적인 존재로 살아가는 데 핵심적으로 중요한 기여를 하며, 가정과 학교 그리고 지역사회를 구축하는 데 필요한 소속감과 애착심을 갖게 해 준다.

넷째, 자신의 감정을 관리하고 다른 사람과 좋은 관계를 유지하는 기술은 모든 고용자가 원하는 것이다. 그러므로 이런 준비가 된 학생들은 세계의 어느 곳에서도 일하고 생활할 수 있다. 사회정서의 인지와 관리는 개인적·사회적 성장을 가능케 하며, 이를 통해 새로운 기회가 열리고 발전 가능성을 확장해 준다. 이와 같은 폭넓은 경험을 한 개인은 사회에 크게 기여하는 역할을 할 수 있다.

큰 기업을 운영하여 많은 직원을 두고 있는 기업주는 사람을 많이 고용한 경험이 있다. 이들이 기업의 인사와 관련하여 공통적으로 하는 이야기가 있다. 즉, 사람을 고용할 때는 능력을 보고 고용하지만 해고할 때는 인간성이 좋지 않은 사람부터 해고한다는 것이다. 그러므로 좋은 인성을 가지는 것은 인생을 살아가는 데 아주 중요한 인간의 자질이라고 할 수 있다.

3) 사회정서학습은 어떻게 하는 것이 좋은가

필자의 아들이 미국에서 초등학교를 다닐 때 교실에서 교사의 행동을 매우 인상 깊게 본 일이 있다. 즉, 교사가 20여 명의 학생 한 명 한 명씩 모두에게 지금 어떤 기분을 느끼는지를 묻고 대답할 때까지 기다렸다가 조금이라도 느낌을 표현하면 크게 칭찬해 주는 모습을 보았다. 교육에서 감정 표현을 얼마나 중요하게 생각하는지 알 수 있었다. 느낌과 정서는 자연을 접할 때나 혼자서도 생기지만 일반적으로 사람을 상대하는 과정에서 생기기 때문에 사회와 정서를 합쳐서 사회정서로 표현하는 경우가 많다. 그러므로 사회적 능력과 정서적 능력은 서로 밀접하게 관련되어 형성되며, 동시에 표현되고, 궁극적으로 같이 발전한다.

교사는 앞의 〈표 4-2〉에서 제시하고 있는 15가지 표준 행동을 교과와 교과 외 활동을 통해 교육할 수 있다. 그리고 학부모에게 권고하고 있는 다음 내용도 그 취지를 살려서 학교에서 할 수 있다. '학업과 사회정서학습의 공동 운용CASEL'은 사회정서학습을 위해 학부모에게 다음과 같이 권고하고 있다. 즉, 학부모가 가정에서 할 수 있는 일들이다.

첫째, 자녀의 부족한 부분을 이야기하기 전에 먼저 강점에 초점을 맞추어 대화한다. 교사도 마찬가지이다. 학부모와 교사는 항상 자녀와 학생의 좋은 점을 먼저 충분히 이야기한 후에 부족한 점은 보충적으로 이야기하는 것이 원만한 소통을 위해 중요하다.

둘째, 생활하는 가운데 크고 작은 일에 대해 자녀가 어떻게 느끼는지 묻는다. 자녀는 부모가 자신의 감정을 배려한다는 것을 알게 되고, 평소 생활에서 감정이 중요함을 느끼게 된다. 부모 자신의 감정을 설명할 때는 자녀들이 사용하는 편한 수준의 단어를 사용하는 것이 좋다. 느끼는 대로 편하게 소통하는 것이 좋다.

셋째, 자녀의 감정을 상하게 했을 때 자녀에게 기꺼이 사과한다. 다른 사람을 신체적으로 해하거나 감정을 상하게 한 후 사과하는 것이 얼마나 중요한지를 자녀에게 보여 주는 것이다. 교사도 지나친 언행을 해서 학생의 감정을 상하게 했을 때는 즉시 사과하는 모습을 보이는 것이 좋다.

넷째, 자녀가 문제를 스스로 해결하기 위해 어떻게 하는 것이 좋은지를 묻는다. 예를 들어, "너는 이런 상황에서 어떻게 할 수 있다고 생각하니?" "네가 이런 선택을 하면 어떤 일이 일어날 것이라고 생각하니?" 등이다. 교사는 이런 질문을 수업에서 사용할 수 있다. 학생의 감정과 생각에 대한 질문을 많이 하면 학생이 생각하게 되고 자신의 감정을 다시 한 번 느끼게 된다.

다섯째, 자녀와 함께 책이나 이야기를 읽는다. 이야기를 통해 사람들이 친구를 잃거나 갈등을 다루는 문제에 어떻게 대처하는지를 알게 해 준다. 책을 같이 읽는 것은 저학년 교육에서 매우 중요한 학습 방법이다. 고학년이 되면 책을 읽고 동료 학생 간에 토론을 할 때 중요한 질문을 중심으로 토론하면서 서로의 생각을 배울 수 있다.

여섯째, 자녀가 목표를 세워 실행하게 하고 이를 위해 노력하고 있을 때 칭찬해 준다. 학교에서도 마찬가지이다. 학생별로 수준에 맞는 목표를 세우게 하고 스스로 얼마나 성취했는지 확인하고, 성취 여부와 관계없이 노력한 것에 대해 칭찬해 주는 것은 매우 좋은 학습 방법이다.

일곱째, 자녀가 집에서 성공적으로 할 수 있는 몇 개의 일을 선택하고, 할 수 있도록 격려해 주면 자녀는 협동심과 책임감을 배울 수 있다. 교사도 학생에게 각자 역할을 주고 서로 협력해서 일하도록 하면 협동하는 법과 책임감을 배울 수 있다.

앞으로는 인공지능이 인간의 지적인 영역을 대신할 것으로 보기 때문에 비인지 능력을 길러 주는 일이 중요하다. [그림 3-3]에서 보는 바와 같이 미래사회의 시대적인 교육가치는 비인지적인 영역과 관련된 능력을 교육하는 것이다. 다음 절에서 심층학습을 위한 수업 방식을 소개하며, 여기서 소개하는 거꾸로학습, 온라인학습 하브루타학습 그리고 프로젝트학습 등은 학생이 주체가 되는 수업 방식이다. 학생들 간 상호 협력을 통해 학습을 하므로 학생들의 사회정서 능력을 길러 주고 결과적으로 좋은 인성을 기를 수 있게 해 준다.

사회정서학습Social and Emotional Learning: SEL을 강조하는 연구자들은 사회정서적인 능력이 잘 발달되어야 학생이 행복해질 뿐만 아니라 학업이 향상된다는 많은 연구 결과를 제시한다. 즉, 학생의 사회정서 능력이 발달해야 학교와 직장 그리고 인생에서 성공하고 행복할 수 있다고 믿는다. 그러므로 자녀와 학생이 공부를 잘하도록 하려면 먼저 사회정서 교육을 해야 한다는 사실을 거듭 강조한다.

사회정서학습을 가장 잘 실천하고 있는 국가는 싱가포르이다.

싱가포르는 모든 초등학교에서 사회정서학습을 의무적으로 하도록 한다. 싱가포르 정부가 20년 전인 1997년에 '생각하는 학교, 학습하는 국가Thinking Schools, Learning Nation'를 비전으로 내세운 이래 국가 차원에서 생각하는 교육과 사회정서학습을 강조하고 있다. 최근 우리나라에서 법까지 만들어 인성교육을 강조하고 있지만 종래의 도덕교육 수준을 넘어서지 못하고 인성교육의 내용이 빈약한 것과 대조적이다.

최근 학교교육에서 자주 경험하는 학교폭력은 정서적으로 안정적이지 못한 학생들이 가해자가 되고 피해자가 된다. 그동안 중학교에서 심하게 일어나던 학교폭력은 초등학교 고학년으로 내려오고 있으며, 신체적인 폭력은 언어적인 폭력으로 대체되고 있다. 또한 사이버상에서 24시간 일어나는 양상으로 변하고 있다. 요즘 학생들은 고생을 해 보지 않고 자란 탓에 언어폭력과 사이버상의 폭력으로도 큰 충격을 받는다. 사회정서학습을 중요하게 생각하고 잘해야 하는 충분한 이유이다.

3. 심층학습을 위한 수업 전략

1) 수업이 바뀌면 교육이 바뀐다

학교교육의 핵심은 무엇인가? 수업이다. 수업은 학교교육의 알파요 오메가이다. 학교교육이 바뀌기 위해서는 수업이 바뀌어야 한다. 수업은 누구도 침범할 수 없는 교사의 성역이다. 교실에서 진행되는 수업은 오로지 교사 한 사람의 책임하에 이루어진다. 그러므로 수업은 교사만이 바꿀 수 있다. 교사는 그동안 수업을 바꿀 수 없는 이유를 여러 가지로 설명해 왔다.

과거에는 학급당 학생 수가 많아서 제대로 된 교육을 할 수 없다는 이야기를 가장 많이 했다. 대도시의 고등학교에는 아직도 학급당 학생 수가 많은 학급도 있지만 이 문제가 많이 해소된 이후, 그 이유로 인한 문제는 크게 줄어들고 있다. 또한 시험점수로 합격과 불합격을 결정하는 대학입시제도에 문제가 있기 때문에 학교교육을 제대로 할 수 없다는 이야기를 한다. 그러나 최근 학생부 종합전형이 도입되어 시험점수 외에 학생의 다양한 능력과 소양을 전형에 반영하게 됨으로써 더 이상 입시제도 때문이라고 할 수 없다.

최근에는 경직된 생각을 가진 비민주적인 교장 때문에 아무것도 할 수 없다는 생각을 가진 교사가 많다. 그러나 교장은 교육청이나 교육부 때문에 또는 교사들이 움직이지 않아서 제대로 된 교육을 하기 어렵다는 이야기를 많이 한다. 교사와 교장, 어느 편이 먼저 변해도 좋다. 그러나 학생 교육을 진심으로 걱정하는 사람이 먼저 변할 수밖에 없다. 교사가 수업을 쉽게 바꾸지 못하는 이유는 수업 외적인 다양한 변수로 인해 교사가 수업에 집중하기 어려운 문제가 있기 때문이다.

수업은 어렵다. 대부분의 교사는 매일 학생들과 전쟁을 치른다고 생각한다. 이리 뛰고 저리 뛰는 학생들을 설득해서 질서를 잡고, 좋은 관계를 가지는 것이 어렵다는 것이다. 학생들로부터 알게 모르게 상처도 많이 받는다. 주의력 결핍/과잉행동 장애_{Attention} _{Deficit/Hyperactivity Disorder: ADHD} 등 정서적으로 불안한 학생들이 생각보다 많아 갈수록 학생지도가 힘들어지고 있다. 어떨 때는 학교에 가는 것이 두렵기까지 하다고 한다. 학부모의 요구와 간섭도 많아지고 비이성적인 항의도 늘어나 더 힘이 드는 상황이라고 한다.

많은 학생이 학원을 통해 배우기 때문에 학교교육에 집중하지 않는 경향이 있다. 고등학교에서는 입시 준비로 인해 다른 것은 생각할 수도 없는 분위기이다. 학교에서는 수업하기도 힘든데 수업보다 행정 업무가 많고, 행정 업무를 잘 해야 인정을 받고 승진에 도움이 되는 분위기이다. 행정 업무를 하다 보면 자신의 수업을 돌아볼 시간이 나지 않는다고 한다. 수시로 내려오는 정부와 교육청, 교장의 수업 혁신 정책도 성가시게 한다. 정권이 바뀌면 또 바뀌는 정책인지라 관심을 두고 싶지도 않다.

그동안 열린교육, 정보통신기술_{ICT} 교육, 스마트교육, 배움의 공동체 등 시기별로 수업 혁신을 위한 정책들이 있었지만 실제 교실이 크게 달라지지 않았다. 학교에 자리 잡고 있는 개인주의 교직 문화로 인해 수업은 철저히 교사 개인이 알아서 준비해야 한다. 수업 준비를 하다가 잘 모르는 것이 있으면 동료 교사에게 묻거나 고민을 나눌 수 있어야 하는 데 그렇지 못하다. 최선을 다해 수업을 했는데도 학생들의 배움이 잘 일어나지 않는 것 같다. 스스로 생각해도 자신의 수업이 재미가 없다고 느껴지는데 어디에서부터 돌파구를 찾아야 할지 모르겠다는 심정이 자주 든다고 한다.

모든 교사는 더 좋은 수업을 했으면 하는 바람을 가지고 있다.

그러나 어떻게 하는 것이 더 좋은 수업을 하는 것인지 잘 모르는 경우가 대부분이다. 초등학교는 모든 과목을 다 가르치므로 다소 융통성이 있지만, 중등학교만 해도 교사들의 전공과목이 있기 때문에 해당 과목의 전공 지식을 전수해 주는 것이 우선적인 업무이며, 다른 것은 생각할 여유가 없다. 필자도 대학에서 학생들을 가르치면서 비슷한 경험을 하였다. 여러 가지 형태로 수업을 바꾸어 해 보았지만 결국 강의식 수업 형태를 벗어나지 못했다. 아마 초·중·고등학교는 수업의 어려움이 수십 배는 더할 것이다. 이와 같이 수업을 잘하는 것은 어렵다.

협동학습 수업 전문가인 김현섭 선생님2016은 힘든 수업을 하면서 교사의 머리에는 다음과 같은 비합리적인 생각이 고착화한다고 한다. 즉, '어차피 수업을 통해 모든 학생을 만족시킬 수는 없다.' '학생들이 저렇게 배우길 싫어하니 학습할 의지가 있는지 없는지 헷갈린다.' '학생은 교사의 방식에 맞출 수밖에 없다.' '바쁘다 보니 수업 준비할 시간이 없다.' '이렇게 수업하면 진도 나가기 어렵다.' '학급당 학생 수가 줄어들면 수업하기 좋다.' '학기 초에 학생들을 꽉 잡아야 일 년이 편하다.' '새로운 수업 방식은 준비를 철저히 한 다음 천천히 적용해도 늦지 않다.' '나는 쇼맨십이 없어서 저 선생님처럼 수업하기 힘들다.' '내 수업의 수준은 중간 이상이다.' 등등이다.

이 신념들을 비합리적이라고 표현한 걸 보면 이러한 신념들을 어렵지만 합리적인 것으로 바꿀 수 있고, 또 그렇게 해야 한다는 뜻을 담고 있는 것으로 보인다. 어느 사회나 부분적으로 비합리적인 신념을 갖고 있기 마련이다. 다만 다수가 비합리적인 신념을 가지고 있다면 이것을 합리적인 신념으로 바꾸어 건강한 조직 문화를 만들어야 한다. 건강하지 않고 비생산적이며 자조적인 문화와 풍토는 소속하고 있는 사람들을 힘들고 무기력하게 하기 때문이다. 많은 교사가 강의식 수업 형태를 벗어나지 못하는 것은 수업이 그만큼 바꾸기 어렵기 때문일 것이다.

우리는 초·중·고등학교와 대학 생활 16년 동안 한결같이 강의식 수업을 받아 왔다. 강의식 수업은 우리의 뼛속에 박히고 녹아들어 있을 정도이다. 교사가 될 때 교수법 연수를 받은 일이 없고, 지금까지 받아 온 선배 교사의 수업 방식대로 할 수밖에 다른 방법이 없었다. 마치 결혼에 대한 사전 지식과 정보가 없이 결혼하고, 자녀 교육을 어떻게 해야 하는지 모른 채 부모가 되는 것과 같다. 지금까지 인생의 선배들이 하는 것을 보아 온 대로 행동하고 살아가는 것이다. 현재 소위 중견 이상의 교사들은 모두 비슷한 경험을 하였을 것이다.

필자는 그동안 가르침을 받은 수많은 선생님 중에서 중학교 역사 시간에 고려 태조 왕건의 부인이 왜 여러 명인지, 어떤 과정을 거쳐 삼국을 통일하고 고려 왕국을 세우게 되었는지를 들려주었던 역사 선생님의 이야기가 유일하게 기억에 선명하게 남아 있다. 강의식 수업에서 우스개 양념으로 들은 이야기가 가장 선명하게 남아 있는 것은 무엇을 의미할까? 시험에 나오지 않는 우스개 이야기는 기억에 남아 있고, 시험에 나오는 다른 내용은 시험을 보고 나서 모두 잊어 버렸는지 모른다.

새로운 수업 방식에 대한 관심은 최근 들어 새 시대에 맞는 역량 중심 교육을 하기 위해 새롭게 제기되고 있다. 지식 중심 교육에 적합한 강의식 수업을 역량 중심 교육에 적합한 수업 방식으로 바꾸어야 하는 필요성이 강하게 대두하고 있기 때문이다. OECD는 2003년 미래 세대가 길러야 할 핵심역량Definition and Selection of Competencies: DeSeCo을 발표하여 교육의 새로운 시대를 열었다. 학교는 새로운 시대가 필요로 하는 역량을 길러 주는 교육을 해야 한다.

그동안 우리가 해 오던 학습은 시험에서 좋은 점수를 받기 위해 많이 아는 것을 중요하게 생각하는 표층학습surface learning이다. 시험 볼 때까지 기억하고 시험을 보고 나면 잊어 버려도 된다. 그러나 이제 표층학습으로는 더 이상 우리 다음 세대의 행복하고 성공적인 미래를 기약할 수 없다. 많이 아는 것도 중요하지만 균형 있게 바로 알고, 깊이 이해하고, 새로운 산출물을 만들어 낼 수 있는 심층학습deep learning을 해야 할 때가 되었다. 앞으로는 단순하게 아는 것을 넘어 왜 그런지, 어떻게 해서 그런지 등을 자세하게 이해할 수 있는 학습을 해야 한다.

지금까지의 학습은 교사가 학습의 중심 역할을 하였다. 교사의 지식이 잠시 학생을 통해 나타났다가 사라지는 것과 같다. 즉, 학생은 교사가 비춰 주는 빛을 반사하는 반사체로 기능하였다. 앞으로는 학생이 학습의 주체가 되어야 한다. 학생이 학습의 주체가 되는 것은 학생이 반사체가 아닌 스스로 빛을 발하는 발광체가 되는 것과 같다. 핵심은 학생이 스스로 빛을 발하는 발광체가 될 수 있도록 교육해야 한다는 것이다. 하지만 교사가 지식을 주입해 주는 강의식 수업으로는 심층학습을 할 수 없고 학생이 발광체가 되기 어렵다.

강의식 수업이 바뀌어야 교육이 바뀐다. 학생이 학습의 주체가 되는 수업 방식을 도입해야 한다. 교사의 역할이 지식 전달자의 역할로부터 지식 감수자의 역할로 바뀌면 더 많은 시간을 학생들의 인성 개발과 생활지도를 위해 사용할 수 있게 된다. 아울러 교사가 교육에 대한 전문성을 높이고 학생지도 능력을 발휘하면 학부모의 존경을 받음은 물론 부당한 개입을 적절하게 차단할 수 있다. 그동안 교사들이 이상적으로 생각하던 인성교육과 전인교육이 가능해진다. 이것이 바로 힘든 학교생활을 하고 있는 학생들의 현재는 물론 미래를 위해 새로운 형태의 수업 방식이 도입되어야 하는 이유이다.

2) 심층학습을 위한 수업 전략

우리는 많이 아는 것을 중요하게 생각하는 시험을 위한 공부를 넘어서야 한다. 물론 아는 것만큼 보이기 때문에 많이 아는 것도 중요하다. 하지만 미래교육은 많이 알고 깊이 이해하며 새로운 산출물을 생산해 낼 수 있는 능력을 길러 주어야 한다. 이것은 심층학습을 통해 가능하다. 심층학습은 전통적인 인지 능력은 물론 미래교육이 지향하는 비인지 능력을 동시에 길러 준다. 지금까지 우리가 해 오던 표층학습을 심층학습으로 바꾸는 것을 학습혁명이라고 부른다. 우리는 심층학습을 위해 현재 학교에서 하고 있는 강의식 수업을 대체할 수 있는 수업 방식을 도입하고, 교사의 마인드세트를 성장형 마인드세트로 바꾸어 나가야 한다.

〈표 4-3〉는 심층학습을 위한 다섯 가지 수업 전략을 소개한다. 첫째, 학생이 학습의 주체가 된다. 둘째, 온라인상의 다양한 학습 콘텐츠를 활용한다. 셋째, 주요 개념과 핵심 지식을 깊이 이해한다. 넷째, 새로운 산출물을 생산한다. 그리고 다섯째, 교사가 성장형 마인드세트로 무장한다는 것이다. 교사가 성장형 마인드세트로 무장하는 일은 첫째로 생각할 수도 있다. 그러나 이 일은 매우 어렵고 힘든 일이며 시간이 걸리므로 마지막으로 소개한다.

각 전략에서 소개하는 대표적인 수업 방식들은 교사들이 대부분 이미 알고 있는 내용이므로 새롭게 학습할 필요는 없을 것이다. 다만 체계적으로 이해하고 실천에 옮기면 된다. 심층학습을 위한 다섯 가지 수업 전략은 이해를 돕기 위해 편의상 나눈 것이며, 실제 수업에서는 하나의 세트와 같이 통합적으로 적용하면 좋다.

심층학습을 위한 다섯 가지 전략에 순서를 두기는 어렵지만 다음 순서를 따르면 더욱 효과적이다. 즉, 먼저 거꾸로학습을 도입하여 학생이 학습의 주체가 되도록 한다. 두 번째, 거꾸로학습을 하는 과정에서 집에서는 온라인학습을 통해 다양한 학습자료와 동영상을 적극적으로 활용하도록 한다. 세 번째, 거꾸로학습을 효과적으로 하기 위해 교실에서 하브루타학습을 활용하면 학생 상호 간의 충분한 대화와 토론을 통해 교과에서 다루는 기본적인 개념과 핵심 지식을 깊이 이해하게 된다. 네 번째, 새로운 산출물을 생

〈표 4-3〉 심층학습을 위한 수업 전략과 학습효과, 대표적인 수업 방식

전략	심층학습을 위한 수업 전략	학습효과	대표적인 수업 방식
전략 1	학생이 학습의 주체가 된다.	- 교사 중심의 강의식 수업을 대체함 - 학생이 반사체가 아닌 발광체가 될 수 있도록 함	거꾸로학습 온라인학습 하브루타학습 프로젝트학습
전략 2	온라인상의 다양한 학습콘텐츠를 활용한다.	- 학생의 자율적인 지식 습득 능력을 길러 줌	온라인학습
전략 3	주요 개념과 핵심 지식을 깊이 이해한다.	- 수업 중 토의, 토론을 통해 심층학습을 경험함	하브루타학습
전략 4	새로운 산출물을 생산한다.	- 프로젝트 수행을 통해 협업 능력, 사회성, 인성, 창의성이 발달함	프로젝트학습
전략 5	교사가 성장형 마인드세트로 무장한다.	- 학생에게 '할 수 있다' 정신('Can Do' Spirit)을 길러 줌	*1단계로 할 수 있으나 어려운 과제이므로 5단계로 분류함

산하는 프로젝트학습은 이와 같은 과정을 통해 기초 지식을 충분히 습득한 후에 하는 것이 좋다. 왜냐하면, 기초 지식을 갖추기 전에 프로젝트학습을 하면 핵심 지식을 습득할 수 있는 기회를 놓치게 될 가능성이 크기 때문이다. 그리고 교사가 성장형 마인드세트로 무장하는 것은 수업방식의 변화에 관계없이 이루어질 수 있지만 처음부터 기대하기는 어려운 과제이기 때문에 마지막에 배치한다. 이 다섯 가지 전략을 하나의 세트로 생각하여 '5단계 심층학습 전략'이라고 명명해도 좋다.

(1) 전략 1: 학생이 학습의 주체가 된다

첫 번째 전략은 학생이 학습의 주체가 되는 것이다. 수업이 학생 개개인의 적성과 능력을 최대한 살려 주는 심층학습이 될 수 있도록 하기 위해 학생이 학습의 주체가 되어야 한다. 학생이 학습의 주체가 되는 수업은 미래사회를 대비하여 전통적인 수업이 하지 못했던 21세기 핵심역량을 키워 줄 수 있다. 심층학습이 가능하도록 수업을 바꾸면 학생과 교사, 학부모와 사회 구성원 모두가 만족할 수 있다.

기술이 발달하면 할수록 일자리는 줄게 되기 때문에 새로운 일자리를 만들어 나가야 한다. 미래학교는 학생들이 더 확장되고 향상된 능력을 갖추고 일자리를 만들어 나갈 수 있도록 해 주어야 한다. 그렇게 하기 위해 교사 중심의 학습은 학생, 즉 학습자 중심의 학습으로 발전해 나가야 한다. [그림 4-1]는 교사 중심의 학습과 학생 중심의 학습이 새로운 균형을 이루어야 함을 나타내고 있다.

트릴링과 파델Trilling & Fadel, 2010은 [그림 4-1]에서 제시하고 있는 바와 같이 교사 중심 학습과 학생 중심 학습을 여러 면에서 비교한다. 예를 들어, 교사 중심 학습은 교사가 학생에게 지식을 주입하는 방식이며, 학생 중심 학습은 교사와 학생이 상호 교류를 통해 학생의 능력을 개발하는 방식이다. 교사 중심 학습은 교육과정과 교재를 중시하는 반면, 학생 중심 학습은 과제와 웹Web을 중시한다. 또한 교사 중심 학습은 획일적이며 경쟁적인 반면, 학생 중심 학습은 개별화되며 협력적인 경향이 있다.

그러므로 교사 중심과 학생 중심 사이의 균형이 교사로부터 점점 학생으로 이동해 나가야 하지만 어느 정도가 적정한지는 학생들의 연령과 수준에 따라 조금씩 다를 수 있다. 초등학교에서는 교사의 역할이 좀 더 클 수 있지만 중·고등학교로 가면 학생의 역할이 더 크게 강조되는 것이 바람직하다. 그러므로 연령에 관계없이

교사 중심(Teacher-directed)	학생 중심(Learner-centered)
주입식(Direct instruction)	상호 교환(Interactive exchange)
지식(Knowledge)	능력(Skills)
내용(Content)	과정(Process)
기초능력(Basic skills)	응용 능력(Applied skills)
사실과 원칙(Facts and principles)	질문과 문제(Questions and problems)
이론(Theory)	실천(Practice)
교육과정(Curriculum)	과제(Projects)
정해진 시간(Time-slotted)	필요시 언제든지(On-demand)
획일적(One-size-fits-all)	개별화(Personalized)
경쟁적(Competitive)	협력적(Collaborative)
교실(Classroom)	범지구적 공동체(Global community)
교재 중심(Text-based)	웹 중심(Web-based)
총괄 시험(Summative tests)	형성 평가(Formative evaluations)
학교 생활을 위한 학습(Learning for school)	일상생활을 위한 학습(Learning for life)

새로운 균형

[그림 4-1] 교사 중심으로부터 교사와 학생의 공동 중심 학습으로 발전

자료: Trilling & Fadel (2012).

완전히 학생 중심으로 가는 것이 좋다고 이야기하기는 어렵다. 또한 학생이 충분히 감당할 수 있는 수준은 개인마다 다를 수 있으므로 개인별 맞춤형 학습이 중요하게 고려되어야 한다.

지금까지 학교나 학원에서 인기 있는 교사나 강사는 시험에 대비하여 핵심 요점을 잘 정리해 주는 사람을 의미했다. 소위 스타 교사나 강사는 중요한 부분에 밑줄을 긋고 쉽게 외워서 시험 준비를 잘 할 수 있도록 해 준다. 학생은 가만히 앉아서 잘 먹을 수 있도록 만들어 입에 쏙쏙 넣어 주는 것을 먹는 데 길들여져 있다. 이것은 현재 학교와 학원의 모습이며, 학교보다 학원이 인기가 좋은 이유이기도 하다. 즉, 학생은 가만히 앉아 있고, 교사와 강사가 교실에서 학습의 주도적인 역할을 한다.

강의식 수업의 문제점은 아무리 훌륭한 스타 교사도 모든 학생의 수준에 맞추어 수업을 진행할 수 없다는 점이다. 대체로 가장 많은 학생이 분포해 있는 중간 수준에 맞추어 수업을 진행하게 된다. 따라서 상위 수준에 있는 학생은 이미 알기 때문에 수업에 흥미가 없고, 하위 수준의 학생은 어려워서 흥미를 잃게 된다. 또한 학습 내용을 모두 다루어야 시험을 볼 수 있으므로 교사는 학습 내용을 이해하지 못하는 학생이 있어도 어쩔 수 없이 수업 진도를 나가게 된다.

최근 뇌과학의 발달은 우리가 하고 있는 강의식 수업의 문제점을 다시 한 번 일깨워 주고 있다. 강의를 듣고 있는 학생의 뇌 활동이 수면 시의 뇌활동보다 미약하게 움직이고 있다는 뇌 전문가들의 연구 보고는 우리를 다시 한 번 놀라게 하고 있다(Fullan &

Langworthy, 2014. 강의식 수업에 앉아 있는 학생은 설사 잠을 자고 있지 않다고 하더라도 뇌활동은 잠자고 있는 상태와 다를 바 없다는 것이다.

최근 수업 방식을 바꿈으로써 교육을 바꾸어 보려는 노력이 비교적 활발하게 진행되고 있다. 학생이 학습의 주체가 되는 대표적인 수업 방식은 거꾸로학습flipped learning 방식이다. 물론 온라인학습과 하브루타학습 그리고 프로젝트학습도 학생이 학습의 주체가 되는 학습방식이다. 하지만 여기서는 교사 중심의 강의식 수업을 뒤집어 하는 거꾸로학습을 대표적으로 소개한다.

거꾸로학습 방식은 지금까지 교사 중심의 강의식 수업을 학생 중심의 학습방식으로 바꾸는 것이다. 즉, 학생이 집에서 교사가 만든 수업 내용을 담은 자료와 영상물 등을 통해 스스로 학습하고, 교실에서는 학습 내용을 충분히 이해했는지 확인하기 위해 학생들 간에 대화와 토론 등의 활동을 하는 수업 방식이다. 수업에서는 좀 더 깊은 이해를 위해 발표와 토론, 동료 교습, 학습 모듈, 프로젝트 수행 등을 통해 깊이 있고 의미 있는 학습이 이루어지도록 한다.

이와 같이 학생의 적극적인 학습 활동은 학생들로 하여금 사회 문제의 발견과 해결, 협업, 공동연구, 고차원의 사고 능력 개발 등을 가능케 한다. 거꾸로학습은 교실 수업을 자유롭게 운영할 수 있도록 해 주는 장점이 있기 때문에 다른 학습 방식과 병행하여 사용할 수 있다. 최근 학생 간 일대일 대화와 토론을 통해 중요한 지식의 기본을 이루는 핵심 개념을 깊이 있게 이해하는 것을 강조하는 하브루타학습 방식이 도입되어 거꾸로학습과 같이 활용되고 있다.

거꾸로학습의 아이디어는 거꾸로교실flipped classroom 수업 방식에 잘 나타나 있다. 거꾸로교실은 1997년 하버드대학교 마주르Mazur 교수가 소개한 동료 교습peer instruction 개념으로부터 발전하였다 1997. 마주르 교수는 지금까지 교실 내에서 교사가 해 오던 정보전달information transfer을 교실 밖으로 옮기고, 교실 내에서는 교실 밖에서 전달된 정보를 가지고 학생 간에 상호 교습을 통해 정보를 이해하는 정보동화information assimilation를 하는 학습 방식 아이디어를 제공하였다.

이에 따라 교사는 강의를 하는 대신 학생들 간의 상호 교습을 통한 학습을 코치하는 것으로 역할이 바뀌어야 한다고 주장하였다. 쉽게 이야기하면, 교사가 경기장 안에서 혼자 경기를 하고, 학생은 경기장 밖에서 구경하는 것과 같은 현재의 강의식 수업을 뒤집어서 하는 것이다. 즉, 학생들은 경기장 안에서 서로 협력하여 경기를 하고, 교사는 경기장 밖에서 코치하는 역할을 해야 한다는 것이다.

본격적인 거꾸로교실 학습 방식은 레이지, 프래트 그리고 트리그리어Lage, Platt, & Treglia, 2000가 발표한 논문에 교실을 뒤집는 아이디어가 나오면서 시작되었다. 이들은 대학 수준에서 학생들의 다양한 학습 양식에 부응하기 위해서는 컴퓨터나 비디오카세트녹화기Video Cassette Recorder: VCR 등의 매체를 활용하여 정보를 전달하는 것이 필요하다는 아이디어를 내었다. 이후 많은 소프트웨어 프로그램이 나와서 그 역할을 담당하게 되었다.

거꾸로교실은 중·고등학교에서 실제로 성과가 있음을 보여 주는 사례들이 보고되고 있다. 예를 들어, 2007년 우드랜드 파크 고등학교Woodland Park High School, Bergmann & Sams, 2012의 사례 보고와 2011년 미시간에 있는 클린턴데일 고등학교Clintondale High School in Michigan의 사례 보고Rosenberg, 2013. 10. 13. 등이다. 이들 사례 보고에서 거꾸로교실 학습 방식은 모든 교과목에서 학생들의 학력이 이전보다 크게 향상되고 있음을 보고하였다.

거꾸로교실의 가장 큰 공로자는 칸 아카데미를 만든 살만 칸Salman Khan이다. 칸은 멀리 있는 조카를 위해 만든 학습 콘텐츠들을 일반 학생들도 이용할 수 있도록 유튜브에 올려서 개방하였다. 이 서비스가 확대되는 과정에서 게이츠재단과 구글 등의 대기업들이 후원하여 칸 아카데미로 발전하였다. 현재 칸 아카데미가 제공하는 학습 콘텐츠들은 온라인상에서 무상으로 사용할 수 있기 때문에 교사가 직접 만든 학습 자료의 보조 자료로 사용할 수 있다. 이제 누구든지 학교에서 배우는 내용을 학교 밖에서 학생 스스로 공부할 수 있게 되었다.

교사는 더 이상 수업에서 지식이나 정보를 직접 가르칠 필요가 없어졌다. 교사는 학생이 공부할 내용을 자료나 영상으로 만들거나 아니면 칸 아카데미 등이 만든 학습 콘텐츠를 이용하여 학생이 학습할 수 있도록 하면 된다. 이러한 변화는 학생이 학습의 주체가 되어 개인의 필요와 수준에 맞는 개별화된 맞춤형 학습individualized, customized learning을 할 수 있도록 해 준다. 또한 그동안 제대로 실현하지 못하고 이론적으로만 주장되어 왔던 완전학습mastery learning을 가능케 해 준다. 즉, 공부를 잘하지 못하는 학생도 반복 학습을 통해 학습 내용을 100% 이해할 수 있도록 해 준다.

이 거꾸로학습 방식은 약간의 단점도 있다. 예를 들어, 학생이 경제적인 이유로 인해 집에서 컴퓨터를 이용하기 어려운 경우와 스스로 독립된 학습을 할 수준에 이르지 못한 학생은 따라가지 못할 가능성이 있다. 그리고 현재 많은 시간을 컴퓨터와 보내고 있는 학생들에게 컴퓨터에 접속하는 시간을 늘리는 결과를 가져오는 단점 등이 있다. 또한 교사는 좋은 동영상을 만들기 위해 더 많은 시간을 써야 하는 문제, 능력이 부족한 교사를 훈련하는 데 비용이 드는 문제 등이 있다. 또한 집에서 교습용 영상을 보는 것은 여전히 전통적인 교수-학습 방식이라는 비판 등이 있다. 거꾸로학습 방식은 2015년 국내에 소개되어 현재 200여 개의 학교에서 1만여 명의 교사에 의해 활용되고 있다.

한편, 테크놀로지의 발달로 인해 개별화된 맞춤형 학습이 가능해지고 있다. 개인의 수준과 능력에 맞추어 학습할 수 있는 소프트웨어가 다양하게 개발되고 있다. 거꾸로학습과 같은 이러한 변화는 테크놀로지의 발달로 인해 개인이 혼자서 자율적으로 학습할 수 있는 시스템이 개발됨으로써 가능해진 것이다. 그러므로 미래교육은 테크놀로지를 최대한 활용하여 자율적으로 학습하는 온라인 교육이 더욱 중요해질 것이다.

(2) 전략 2: 온라인상의 다양한 학습콘텐츠를 활용한다

두 번째 전략은 온라인상의 다양한 학습콘텐츠를 활용하는 것이다 현재 오프라인에도 많은 학습 자료가 있지만 온라인에는 엄청

난 분량의 학습콘텐츠가 있다. 온라인상의 학습콘텐츠는 시간과 공간의 제약을 받지 않을 뿐만 아니라 대체로 무상으로 공급되고 있기 때문에 경제적인 비용 부담을 걱정할 필요가 없다. 학생이 학습의 주체가 되어 개인의 필요와 수준에 맞는 학습콘텐츠를 찾아 학습할 수 있으므로 개별화된 맞춤형 학습이 가능하다. 이론적으로는 반복 학습이 용이한 온라인상의 학습은 공부를 잘하지 못하는 학생도 완전학습을 가능케 한다.

테크놀로지의 발달은 교육과 학습의 지평을 온라인으로 넓혀 주었으며, 이를 최대한 활용하는 것은 발전된 현대사회에서 매우 필요하고 현명한 일이다. 온라인 학습은 교실 밖에서 이루어지는 정보전달을 담당함으로써 거꾸로학습과 잘 연동될 수 있는 학습 방식이다. 학생은 거꾸로학습을 위해 교사가 만든 영상 자료 외에 추가적으로 필요한 자료를 인터넷상에서 선택하여 학습할 수 있다. 학생은 인터넷에서 찾을 수 있는 다양한 학습콘텐츠를 보조 학습 자료로 사용하게 된다.

온라인학습을 가장 잘 활용하고 있는 기관은 살만 칸이 만든 칸아카데미이다. 칸아카데미는 현재 세계 36개 언어로 번역되어 소개되고 있다. 3천만여 명이 등록하여 이용하고 있으며, 교사 등록자는 1백만여 명에 이른다. 칸아카데미 한국어 웹사이트에서는 우리말로 번역된 학습 자료를 공부할 수 있다. 교육용 테크놀로지를 활용한다는 것은 온라인에서 제공하고 있는 다양한 학습콘텐츠를 활용하고, 각종 교육용 소프트웨어를 최대한 활용함을 의미한다. 주로 대학생과 성인을 대상으로 하는 '온라인 공개강좌_{Massive Open Online Courses: MOOCs}'와 한국평생교육진흥원이 만든 '한국형 온라인 공개강좌'_{K-MOOC}에도 온라인에서 공부할 수 있는 학습 자료들이 제공되고 있다.

(3) 전략 3: 주요 개념과 핵심 지식을 깊이 이해한다

세 번째 전략은 주요 개념과 핵심 지식을 깊이 이해하는 것이다. 주요 개념과 핵심 지식을 깊이 이해하는 것은 미래교육의 핵심인 심층학습을 의미한다. 시험을 위해 단순하게 피상적으로 아는 것과 다르다. 대표적인 학습방식은 하브루타학습_{Havruta Learning}이다. 하브루타는 '친구, 동료와 한 팀을 이룬다'는 뜻으로, 주어진 문제를 혼자 해결하는 것이 아니라 일대일로 팀을 이루어 토론하고 연구하는 공부 방식이다. 유대인들이 활용하고 있는 하브루타 수업 방식은 수많은 토론을 통해 학생들이 주요 개념과 핵심 지식을 깊이 이해하게 해 준다. 친구와의 지속적인 대화와 토론을 통해 다양한 생각을 이해할 수 있도록 하는 데에도 도움을 주고, 사회성 발달에 도움이 되는 수업 방식으로 인정받고 있다.

교사는 학생들이 가정에서 자율적으로 학습한 내용을 분명하게 이해하고 있는지 교실에서 확인해 보아야 한다. 현재 강의식 수업에서는 지필고사, 즉 선다형 객관식 시험과 간단히 기술하는 주관식 시험을 통해 확인하고 있다. 그러나 미래 교육에서는 스스로 확인할 수 있는 학습 모듈_{learning module}을 사용하거나 친구와 나누는 대화와 토론을 통해 확인하는 하브루타학습 방법을 사용하는 것이 효과적이다.

수학과 같이 지식 체계가 계단식으로 되어 있는 과목에서는 학습 모듈을 사용하면 효과적이다. 학생은 학습 모듈을 이용하여 컴퓨터에 있는 문제를 풀어 간다. 이 과정에서 틀리는 곳이 나오면, 이것은 즉시 교사의 컴퓨터에 나타난다. 교사는 해당 학생의 이해가 부족한 부분에 대해 즉각적인 도움을 줄 수 있으며, 모든 학생에 대해 각각 어느 수준까지 이해하고 있는지 알 수 있다.

하브루타학습 방법은 친구와 대화를 통해 자신이 정확하게 이해하고 있는지 말로 설명하는 방식이다. 서로 질문하고, 설명하고, 생각을 비교하면서 논쟁하는 등 다양한 방식으로 진행된다. 친구가 설명하는 내용의 허점을 비판하고 방어하면서 친구가 가지고 있는 생각을 이해하고 자신의 생각을 정리한다. 즉, 학생끼리 서로 상대에게 설명하면서 배우는 방식이다. 사람은 자신이 이해하고 있는 내용을 말로 표현해 봄으로써 내용을 더 분명하게 이해하게 된다. 특히 다른 사람을 가르치거나 설득하는 과정에서 중요한 개념을 분명하게 이해하게 된다.

학생들은 질문-대답-논증-반박-재반박의 과정을 거치며 스스로 생각하는 힘을 키우는 동시에 다른 사람의 의견을 들음으로써 한 가지 문제에 대해 다양한 각도로 생각하는 법을 익힌다. 유대인은 진짜 스승은 자기 자신과 그리고 함께 토론하는 동료라고 생각한다. 비슷한 수준의 학생들이 치열하게 의견을 주고받으며, 서로를 성장시킬 수 있다고 믿는다. 유대인은 나이의 많고 적음이나, 신분의 상하를 넘어서서 대등하게 토론할 수 있는 문화를 가지고 있다. 합리적인 반박이 들어오면 언제든지 자신의 생각을 바꿀 수 있다고 생각하며, 이것이 바로 창의적인 사고의 원천이 된다.

[그림 4-2]은 전라남도 벌교고등학교에서 하브루타학습 방법을 사용한 사례를 소개한 것으로써 다양한 학습 방법과 기억과의 관계를 보여 주고 있다. 즉, 강의를 들으면 하루가 지난 뒤 배운 내용의 5%가 기억에 남지만 서로 설명하며 토론하면 90%가 남는다. 자신이 알고 있는 내용을 다른 사람에게 이야기하면서 더욱 분명하게 알게 된다는 것이다. 두 사람이 대화를 통해 서로 설명하도록 하는 유대인의 학습 방법이 얼마나 효과적인지 보여 준다.

[그림 4-2]은 학습 방법에 따라 학습한 내용을 기억하고 있는 정도에 차이가 있음을 보여 주고 있다. 각각 다른 방식으로 공부한 뒤, 24시간이 지나서 머릿속에 남아 있는 학습량의 비율은 학습 방법별로 다음과 같다. 즉, 강의듣기는 5%, 책읽기는 10%, 시청각 수업 듣기는 20%, 시범강의 보기는 30%, 집단 토의하기는 50%, 실제 해보기는 75%, 그리고 서로 설명하기는 90%가 남아 있었다.

여기서 강의듣기, 책읽기, 시청각 수업듣기, 시범강의 보기 등은 지금까지 학교에서 해 오던 방식이며, 듣거나 보는 한 가지 감각에

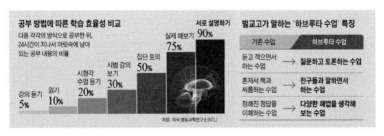

[그림 4-2] 공부 방법에 따른 학습의 효율성 비교

자료: 조선일보(2017. 01. 17.).

의존하는 수동적이고 소극적인 학습 형태이다. 반면에 집단 토의하기, 실제 해보기, 서로 설명하기 등은 학생이 학습의 주체가 되는 방식으로서, 말하고 행동하는 활동을 통해 모든 감각을 능동적이고 적극적으로 사용하는 학습 형태이다. 이 연구는 능동적인 학습이 수동적인 학습보다 월등하게 더 좋은 효과가 있음을 보여 주고 있다.

이와 같이 하브루타학습 방식은 매우 효과적인 학습 방식이며, 2012년 국내에 소개되어 현재 서울미래학교로 지정된 창덕여자중학교를 비롯하여 360여 개의 학교에서 1만여 명의 교사에 의해 수업에서 활용되고 있다.

(4) 전략 4: 새로운 산출물을 생산한다

네 번째 전략은 새로운 산출물을 생산하는 것이다. 미래사회는 학생이 핵심 지식을 분명히 알고 이해하는 것도 중요하지만 스스로 새로운 것을 만들어 낼 수 있는 능력이 있어야 한다. 대표적인 학습 방식은 프로젝트학습project-based learning 방식이다. 미래사회가 필요로 하는 창의성 또는 창조적인 능력은 궁극적으로 새로운 산출물을 직접 스스로 만들어 낼 수 있는 능력을 의미하기 때문이다. 이러한 능력을 기르기 위해 학생들은 학교교육을 통해 친구들과 함께 새로운 것을 많이 만들어 보는 경험을 갖는 것이 가장 중요하다.

프로젝트학습 방법은 지금부터 100여 년 전인 1910년대 듀이Dewey와 킬패트릭Kilpatrick이 주장한, 경험을 통한 학습learning by doing

방법이다. 프로젝트학습 방식은 주어진 학습 과제 또는 학생이 스스로 개발한 학습 과제를 친구들과 협력하여 수행해 나가는 학습 과정의 결과로서 만들어지는 산출물을 통해 새로운 창작의 경험을 하도록 고안된 학습 방법이다. 산출물의 형태는 발표, 보고서, 포스터, 영상물, 연극 등 매우 다양하다.

프로젝트학습은 학습자의 적극적인 참여를 가능하게 하는 데 적합한 수업 방식이다. 문제에 초점을 맞추어 해결해 나가는 과정을 경험하게 해 주는 문제해결학습problem-based learning 방법은 프로젝트학습 방법의 하나이므로 프로젝트학습에 포함하여 생각할 수 있다. 학생들은 사회의 실제 문제에 대해 친구들과 의견을 모아 해결책을 만들어 나가는 과정에서 문제를 이해하는 능력, 협업하는 능력, 테크놀로지를 이용하는 능력, 문제를 해결하는 능력, 새로운 산출물을 만들어 내는 능력 등을 기를 수 있다. 프로젝트학습은 다음과 같은 특성을 가진다.

① 바른 사고 능력을 향상

교육은 학생들이 바른 판단으로 바른 일을 할 수 있는 능력을 길러 주는 것이다. 그러므로 프로젝트 주제를 선정할 때 사회적·경제적·환경적 정의justice가 중요한 내용으로 자리 잡을 수 있도록 해야 한다. 예를 들어, 최근 우리나라에 아열대성 기후 증상이 나타나는 등 지구온난화와 같은 주요 관심사가 주제로서 적절하다.

이러한 실생활과 관련된 주제로 프로젝트를 하면 학생으로 하여금 자신과 가족을 넘어서서 자신의 동네와 지역사회에 관심을 가지고 다가갈 수 있도록 해 줄 수 있다. 사회는 이런 노력을 통해 지속 가능한 성장과 발전을 할 수 있다. 학생들이 프로젝트를 통해 사회정의를 인식하기 시작해야 비로소 바른 판단을 하고 바른 일을 할 수 있는 능력이 길러진다. 사회정의에 대한 관심과 인식은 학습동기를 불러일으키는 중요한 요인으로 작용한다. 학생들은 실제 사회의 문제에 도전해야 호기심이 강해지고 문제해결에 몰두하여 심층학습이 가능해진다.

② 실제 사회를 경험

프로젝트학습은 학생의 생각과 참여가 적극적으로 일어나도록 디자인되어야 한다. 학생이 교실이라는 전통적인 학습 공간을 넘어서서 실제 사회를 경험할 수 있도록 한다. 학생은 사회에 존재하는 여러 가지 실제 문제의 현장을 방문하여 직접 확인하면 문제를 더 분명하게 느낄 수 있다. 그러므로 프로젝트 학습은 사회에 존재하고 있는 실제의 문제를 다루고, 자신이 공부하여 만든 산출물을 청중 앞에서 발표해야 한다. 실제 학부모와 지역사회 인사 등 청중 앞에서 실제의 문제를 다루어야만 스스로 선택한 자신의 생각을, 자신의 목소리에 담아서 표현할 수 있게 된다.

③ 협력하는 능력과 인성, 창의성이 좋아짐

학생들은 프로젝트를 하는 과정에서 친구들과 자연스럽게 협력하게 되고, 따라서 인성도 좋아진다. 현재 학교에서 창의적 체험 활동을 별도의 시간을 배정하여 따로 하고, 인성교육도 따로 하고 있는데, 이것은 잘못된 것이다. 인성교육과 창의성교육은 교과교육을 하듯이 할 수 없으며, 해서도 안 된다. 수업 중에 프로젝트를 하면 협력하면서 자연스럽게 인성이 좋아지고, 창조적인 아이디어가 나와서 창의성이 발전하기 때문이다. 그러므로 모든 교과교육에서 프로젝트학습을 통해 인성교육과 창의성교육이 이루어질 수 있다.

④ 강한 학습 동기를 부여

프로젝트학습의 주제는 학생에게 알고 싶은 호기심을 불러일으키고, 학습동기를 부여하는 좋은 주제와 질문이어야 한다. 학습동기를 불러일으키는 데 가장 중요한 것은 '공감하는 감정'이 먼저 일어나도록 하는 것이다. 좋아하거나 궁금해하는 감정이 학습동기를 부여하기 때문이다. 과학 프로젝트 수업을 진짜 과학자가 탐구하는 것같이 진행하면 학생을 학습에 몰입시킬 수 있다. 이를 위해 학교의 교실은 실험하는 과학실이나 창작하는 스튜디오같이 운영하는 것이 좋다.

⑤ 테크놀로지와 연계

학생들이 프로젝트를 통해 자신의 열정을 불태울 수 있는 주제에 대해 테크놀로지를 동원하여 수행하도록 해 주어야 한다. 프로젝트 수행에 테크놀로지를 활용하는 것은 마치 농부가 호미로 농사짓는 것이 아니라 트랙터로 농사짓도록 하는 것과 같다. 프로젝트 수업의 장점은 학생이 스스로 필요한 자료와 정보를 찾아서 공부할 수 있도록 해 주는 것이므로 테크놀로지 활용 능력은 필수적이다. 학생이 테크놀로지를 활용하는 능력을 가지게 되면 정보의

바다에 연결하여, 교사와 학교교육을 넘어서서 자신이 하고 싶은
학습을 스스로 마음껏 할 수 있게 된다.

⑥ 맥락적 사고의 개발

프로젝트학습을 시작할 때 '이야기'로부터 시작하는 것은 매우
좋은 방법이다. 학생은 친구나 사람들의 '실제 이야기'를 알게 되
면, 전후 맥락을 이해할 수 있기 때문에 쉽게 공감을 느낀다. '이야
기'는 어떤 사실이나 사건의 전후 맥락을 알 수 있도록 해 줌으로
써 공감을 갖도록 하는 맥락적 사고contextual thinking를 가능하게 해
준다. 맥락적 사고는 시간적으로는 과거로부터 현재에 이르는 역
사적인 맥락과 공간적으로는 사회 전체를 아울러 생각하는 사회적
인 맥락을 이해할 수 있게 해 준다. 그러므로 맥락적 사고는 역사
적·사회적 조망 능력을 길러 준다.

⑦ 시스템적 사고의 개발

프로젝트수업은 학생으로 하여금 시스템적 사고systems thinking를
할 수 있도록 해 주어야 한다. 예를 들어, 자동차는 그 자체로서 시
스템이 아니다. 하지만 운전사가 탄 자동차는 시스템이다. 여기에
신호등과 같은 교통신호 체제가 추가되고, 교통위반을 제재하는
교통법규 체제, 음주문화를 포함하는 사회문화적인 교통문화 체제
가 추가되면서 복잡한 체제로 발전한다. 우리 사회는 크고 복잡한
시스템으로 운영되고 있기 때문에 하나의 교통사고에 대해 시스템
적 접근을 해야 문제를 근본적으로 해결할 수 있는 대책이 나올 수
있다. 이러한 시스템적 사고를 갖도록 학생을 훈련해야 한다. 동시

에 주어진 시스템을 넘어서는 탈시스템적 사고를 하는 경험을 갖도록 하는 것은 창의적인 사고를 할 수 있게 해 준다.

⑧ 실패를 통한 학습

프로젝트의 결과물은 학기가 마칠 때 발표하면 단순히 프로젝트가 될 뿐이므로 프로젝트학습의 취지를 살릴 수 없다. 학기 중간에 발표해야만 발표 결과를 가지고 계속해서 학습이 이루어지도록 할 수 있다. 그리고 프로젝트 수업은 '실패해도 전진'하는 문화'fail forward' culture를 조성해야 학생이 실패해도 다시 도전할 수 있게 된다.

⑨ 프로젝트학습의 장점

프로젝트학습은 교과서 내용을 암기식으로 기억하도록 가르치는 교사 중심의 교실수업chalk and talk에 비해 학생들로 하여금 다음과 같은 능력과 기술을 습득할 수 있도록 한다.

• 깊이 있는 개념 이해
• 넓은 지식 기반 확보
• 소통 증진을 통해 인간관계와 사회성 향상
• 창의성 향상
• 테크놀로지 활용 기술의 발달
• 리더십 기술의 발달
• 글쓰기 기술 향상
• 말하기 등 발표를 통한 느낌과 의사표현 기술 향상 등

이와 같은 능력의 향상은 최근 6C로 불리는 21세기 핵심역량, 즉 소통communication, 협업collaboration, 비판적 사고critical thinking, 창의성 creativity, 인성character, 시민의식citizenship 등을 향상시킨다.

⑩ 프로젝트학습의 단점

프로젝트학습이 갖추어야 할 매우 정교한 계획이 없을 경우에 학생들이 노는 것으로 생각하고 행동하거나, 무임승차하는 학생들 이 나오거나 하는 등의 일이 발생할 수 있다.

⑪ 프로젝트 수업 시 유의할 점

프로젝트학습은 좋은 학습 방식이지만, 이를 제대로 운영하는 일은 쉬운 일이 아니다. 프로젝트학습을 할 때 특별히 유의할 점은 다음과 같다.

- 프로젝트의 주제와 질문이 해당 교과목 또는 통합 교과목의 '핵심 지식'을 학습할 수 있도록 선정되어야 한다.
- 프로젝트의 주제가 사회의 실제 문제를 인식 · 이해하고 해결 하는 데 도움을 주는 방향으로 설정되어야 한다.
- 학생이 잘하고 싶어 할 정도로 프로젝트를 의미 있게 인식해야 한다.
- 학생으로 하여금 계속적인 질문을 일으키게 함으로써 탐구와 혁신에 기여하는 프로젝트여야 한다.
- 교사는 프로젝트 진행과정에서 직접 또는 전문가를 초청하여 학생에게 적절한 피드백을 주고, 필요하면 프로젝트를 수정해

나갈 수 있도록 한다.

- 평가 기준이 사전에 분명하게 제시되어야 한다.

그러므로 성공적인 프로젝트학습을 하기 위해 전체 수업 과정이 매우 정교하게 잘 디자인되고, 계획대로 집행할 수 있어야 한다. 프로젝트학습은 최근 도입된 자유학기제와 잘 맞는다. 평가가 없는 자유학기에 프로젝트학습 방식을 도입하는 것은 큰 무리 없이 실시할 수 있기 때문에 적합한 수업 방식이다. 한편, 프로젝트학습이 마치 모든 것을 해결할 수 있는 방법처럼 소개되는 경향이 있으므로 프로젝트학습에 대한 바른 이해가 요구된다.

프로젝트학습의 효과가 극대화되기 위해 첫째, 프로젝트의 내용에 나오는 개념과 핵심 지식에 대한 기본적인 이해가 선행되어야 한다. 관련 개념과 핵심 지식에 대한 확실한 이해 없이 프로젝트를 하면 효과가 떨어진다. 그러므로 관련 개념과 핵심 지식을 어떻게 습득하도록 하느냐 하는 것이 관건이라고 할 수 있다. 프로젝트 수행에 필요한 개념과 핵심 지식을 먼저 습득하기 위해 거꾸로교실과 하브루타학습이 프로젝트학습에 선행되어 이루어지는 것이 효과적이다.

둘째, 여러 교과목의 내용을 아우르는 프로젝트는 전체적인 안목을 갖도록 하는 데 기여하며, 어떤 내용에 대한 심층학습을 하기 위해서는 단일 교과목의 단일 주제나 내용에 대한 프로젝트일수록 효과가 크다.

프로젝트학습은 교사와 학생 중 누가 주도하느냐에 따라 다른 형태로 나타날 수 있다. 〈표 4-4〉은 학업 모델, 혼합 모델, 창업 모델 등으로 구분할 수 있는 다양한 프로젝트학습의 유형을 보여 주고 있다. 대학에서 창업모델로 가기 전까지는 혼합모형이 적절할 것으로 보인다. 〈표 4-4〉에서 보는 바와 같이 초등학교 때부터 프로젝트학습을 하면 대학에서는 창업을 할 수 있는 프로젝트까지 할 수 있게 된다. 창업 시대를 대비하기 위해 학교 수업을 통해 창업 경험을 해볼 수 있도록 하는 것은 매우 필요하고 중요한 일이다.

〈표 4-4〉 다양한 프로젝트학습의 유형

모델	기대하는 산출물	주도자	학교 수준
학업 모델	학업 내용물	교사	초등학교
혼합 모델	생산물 (학업의 범위 내에서)	교사-학생 협업	중등학교
창업 모델	생산물/상품	학생	대학교

자료: Zhao (2012)에서 발췌하여 일부 수정.

이러한 일련의 수업과정을 통해 학생들은 학교가 목표로 하는 교육 내용에 대해 깊은 이해deep understanding를 하게 된다. 수업의 목표인 생산물을 만들어 낼 수 있는 능력을 갖게 되고, 이것은 심층학습을 통해 가능하다. 이와 같은 수업 방식의 변화는 학생들의 수업 수행 과정을 평가하는 수행평가가 자연스럽게 실천되는 방향으로 변화해 나갈 것이다.

〈표 4-5〉는 프로젝트학습의 평가 방식을 예시로 소개하고 있다. 프로젝트학습의 평가 방식은 학생의 자기평가 20%, 프로젝트

〈표 4-5〉 프로젝트학습의 평가방식 사례(예시)

구분	자기평가	모둠내 동료평가	모둠외 동료평가	교사평가
점수	20%	30%	30%	20%
	참여도(5등급)+ 기여도(5등급)	참여도(5등급)+ 기여도(5등급)	프로젝트별 5등급 평가	프로젝트별 5등급 평가
기술	등급을 준 이유	등급을 준 이유	등급을 준 이유	등급을 준 이유
	자신의 역할 재미있었던 일 어려웠던 일 알게 된 점 더 알고 싶은 점	친구에게 주고 싶은 참고 의견	프로젝트별 장단점	프로젝트별 장단점과 문제점

팀 내의 동료학생평가 30%, 프로젝트팀 밖에 있는 학생평가 30%, 그리고 교사평가는 20% 정도로 나누어지며, 이러한 평가를 합쳐서 전체 평가를 한다.

프로젝트학습의 평가에서 가장 중요한 특징은 자신이 스스로 평가에 참여하고, 동료인 친구들이 평가하는 것이다. 학생들은 가장 가까이에서 자신을 가장 잘 아는 친구들의 평가를 받는 경험을 통해 더 나은 발전을 이루어 나갈 수 있다. 프로젝트학습은 현재 국내 150여 개의 학교에서 12,000여 명의 교사들이 참여하고 있다.

(5) 전략 5: 교사가 성장형 마인드세트로 무장한다

다섯 번째 전략은 교사가 성장형 마인드세트growth mindset로 무장하는 것이다. 먼저 성장형 마인드세트의 이해를 돕기 위해 성장형 마인드세트를 가진 교사의 성공 사례를 살펴보자. 미국 애리조나 주의 투손시에 있는 투손Tucson학교는 1998년에 설립된 차터스쿨이며, 같은 해에 학교를 관리하는 베이시스BASIS 교육네트워크가 만들어졌다. 이 학교는 교사를 선발할 때 교사 자격증을 보지 않고 전공 지식과 성장형 마인드세트를 가졌는지를 본다. 즉, 교사의 성장형 마인드세트를 교사 자격증보다 중요하게 생각한다.

설립한 지 불과 몇 년 만에 이 학교는 매년 SAT 성적과 대학과정 인증시험 및 고급교과과정Advanced Placement: AP 개설을 기준으로 고등학교의 순위를 발표하는 『U. S. News and World Report』에 의해 미국 전체 고등학교 중에서 1위로 평가되었다. 학교의 인지도가 올라가자 2003년 같은 애리조나 주에 스코츠데일Scottsdale학교가 설립되었다. 현재 이 네트워크에서 설립하거나 관리하는 차터스쿨은 미국 전역에서 22개로 늘어났으며, 5개의 사립학교를 관리하고 중국 선전深圳, 심천, Shenzhen에 국제학교도 설립했다.

스코츠데일학교와 투손학교는 매년 미국 전체에서 1, 2위를 하고, 22개의 학교 중 5개 학교가 미국 전체에서 상위 10위 내에 드는 믿기 어려운 성과를 올렸다. 네트워크 소속 학교들을 운영하는 베이시스교육네트워크BASIS.ed network를 설립한 블락 박사 부부Dr. Michael and Olga Block의 성공 이야기를 참고로 소개한다.

블락 박사는 스탠포드대학교에서 경제학 박사를 하고 애리조나대학교University of Arizona in Tucson에서 경제학/법학 교수로 재직했다. 부인은 체코 출신으로 프라하경제대학교Prague Economics University에서 공부하고 미국 코넬대학교Cornell University에서 경제학박사 공부를 했다. 이후 프라하의 찰스대학교Charles University의 부학장으로 근무

했다.

　부인은 미국의 학교가 학생들에게 매우 낮은 수준의 성취를 기대하는 것을 보고 크게 실망하였다. 블랙박사 부부는 체코에서 학생들에게 매우 높은 성취 수준을 기대하는 것을 미국에 적용해 보기로 하였다. 이 부부가 설립한 투손학교는 이들의 교육철학을 반영하여 모든 학생이 성취해야 할 학력 수준을 매우 높게 설정하고, 학생들이 해낼 수 있다는 믿음을 가지고 교육하였다. 그들이 선발한, 베이시스교육네트워크BASIS.ed network에 소속된 교사는 모든 학생은 노력하면 성취할 수 있다는 믿음을 가진 교사들이다. 이런 성장형 마인드세트를 가진 교사들이 교육 현장에서 엄청난 성과를 낸 것이다.

　인생을 살아가는 데 중요한 것은 개인이 어떤 성격personality을 가지고 살아가는가 하는 것이다. 사람은 낙관적인 성격을 가지고 인생을 살아갈 수도 있고, 비관적인 성격을 가지고 살아갈 수도 있다. 이 성격은 자신에 대한 믿음이 중요한 역할을 하는 마인드세트mindset에 따라 성장하고 발전해 간다. 마인드세트는 사람의 마음가짐, 자세, 태도, 의식구조, 사고방식, 신념 그리고 관념 등을 말한다. 마인드세트는 오랜 시간을 두고 형성되며, 한 번 형성되면 쉽게 바뀌지 않는다.

　어린 자녀나 학생을 교육하는 학부모와 교사의 마인드세트는 아동의 마인드세트 형성에 직접 영향을 주므로 매우 중요하다. 마인드세트는 개인이 가지고 있는 생각의 틀, 즉 관념이다. 관념은 어떤 일이나 사람에 대한 잘 변하지 않는 견해나 생각이며, 개인의 행동을 결정하는 데 중대한 영향을 준다. 이 관념은 선천적으로 타고난 능력과 결과를 중시하는 고정관념 또는 고정형 마인드세트 fixed mindset와, 선천적인 능력이나 결과보다 후천적인 노력과 과정을 중시하는 성장관념 또는 성장형 마인드세트growth mindset의 두 가지로 나눌 수 있다.

드웩Dweck, 2011은 고정형 마인드세트를 가진 사람은 개인의 자질이나 능력이 마치 돌에 새겨진 것과 같이 견고하여 변화하지 않는 것으로 믿기 때문에 계속해서 그것을 증명하려고 한다고 하였다. 예를 들어, 공부를 잘하는 학생은 항상 좋은 성적을 보여 줌으로써 자신이 잘하는 것을 증명하려고 하고, 잘 못하는 학생은 잘 못해도 괜찮은 것으로 생각하여 좋은 성적을 보여 주기 위해 노력하지 않는다는 것이다. 반면에 성장형 마인드세트를 가진 사람은 개인의 자질이나 능력은 스스로의 노력에 의해 변화가 가능한 것으로 믿는다. 즉, 공부를 잘하는 학생도 노력하지 않으면 좋은 성과가 나타나지 않으며, 공부를 잘 못하는 학생도 노력하면 좋은 성과가 나타난다고 믿는다.

현실적으로 우리 사회에서 '나는 공부를 잘한다 또는 못한다.'고 하는 고정형 마인드세트를 가진 청소년이 많은 이유는 대부분 부모와 교사 그리고 일반 사회에서 고정형 마인드세트를 가진 성인들이 더 많기 때문이다. 이들 고정형 마인드세트를 가진 성인이 아동을 우등생과 열등생으로 분류하고, 그렇게 믿어 버리는 경향이 있다. 청소년은 성인의 고정형 마인드세트를 쉽게 수용한다.

부모와 교사를 포함하여 대부분의 사람은 일반적으로 다른 사람에 대해 고정형 마인드세트 또는 선입견을 가지고 있다. 공부를 잘 하거나 못하는 학생, 운동에 소질이 있거나 없는 학생, 예술 분야에 재능이 있거나 없는 학생 등으로 미리 판단하고, 그러한 생각을 잘 바꾸지 못한다. 실제 말로 표현하지 않더라도 마음속으로 그렇게 생각하는 경우가 많다. 교사는 심지어 평소에 행실이 좋은 학생과 나쁜 학생을 구분해서 머릿속에 담고 있는 경우가 있으며, 이 마음은 그대로 학생에게 전달된다.

옛날부터 상대방의 마음은 내 마음이 반사되는 거울과 같다는 말이 있다. 내가 불편하면 상대가 불편하고, 상대가 불편하면 나도 불편함을 느낀다. 『삼국지연의』나관중, 김구용 역, 2003에 보면 조조의 참모 순욱이 한 명언이 나온다. 조조가 원소의 대군에 밀려 전세가 불리해지자 후퇴할 것을 생각하고, 참모 순욱의 의견을 물었다. 순욱은 조조에게 이렇게 말한다. "내가 힘들면 상대도 힘들다. 참고 기다리면 반드시 승기를 잡을 수 있는 기회가 올 것이니 그 기회를 잘 잡는 것이 좋겠다." 이를 수용한 조조에게 기회가 왔고, 그 전투에서 큰 승리를 얻었다.

현실 사회에서는 대다수 학생의 자질이나 능력은 학교교육을 통해 큰 변화를 보이지 않는다. 다만 일부 소수의 공부를 잘하지 못하던 학생이 변화를 보여 잘하게 되거나 또는 반대의 경우를 볼 수 있다. 따라서 우리 사회에는 개인의 자질과 능력은 타고 나기 때문에 변하지 않고 고착되어 있다고 믿는 고정형 마인드세트를 가진 사람이 더 많은 편이다. 드웩2011은 부모와 교사는 자녀와 학생에 대해 고정형 마인드세트를 가지고 대해서는 안 된다고 주장한다.

부모나 교사는 자녀와 학생에게 쉽게 "100점 맞았구나. 네가 천재구나! 대단하다!"와 같은 칭찬을 깊은 생각 없이, 또는 일부러 자신감을 키워 주기 위해 하는 경우가 많다. 이런 칭찬은 자녀나 학생에게 자신이 타고난 능력자라고 하는 고정형 마인드세트를 갖게 해 준다. 아동은 스스로 자신이 천재가 아니라는 것을 너무나 잘 알고 있지만 이런 관념을 가진 아동은 자신에 대한 신화가 깨어지는 것을 두려워한다. 그리고 부모와 교사의 기대를 저버리지 않기 위해 자신이 잘하지 못하거나 모르는 새로운 분야는 도전하지 않는 경향이 있다.

일반적으로 자신을 긍정적으로 생각하는 것은 좋은 일이다. 학생의 부모나 교사는 학생을 능력이 떠어난 인재로 생각할 수도 있고, 그렇지 않을 수도 있다. 그러나 고정형 마인드세트를 가진 학생은 자신의 우월한 능력을 믿고 노력을 소홀히 하는 경향이 있으므로 스스로 발전을 해치는 결과를 가져 오기도 한다. 그러므로 자신이 다른 학생보다 우월한 능력을 가지고 있다고 믿는 학생은 노력하면 이룰 수 있다고 믿는 학생보다 스트레스를 많이 받고 새로운 일에 도전하지 않으며, 결과적으로 성장하고 발전하지 못하게 된다.

또한 "이렇게 쉬운 것도 못 하냐?" 하는 핀잔을 받으며 자란 학생은 자신이 뒤떨어진 능력을 가지고 태어난 것으로 생각하며, 새로운 일에 도전하지 않는 경향이 있다. 이와 같이 자신이 다른 사람보다 우월하거나 열등하다고 하는 고정형 마인드세트를 가지고 사는 학생은 행복하지 않으며, 새로운 일에 도전하지 않고, 결과적으로 성공하지 못한다는 것이다.

한편, 공부를 잘하거나 잘하지 못하는 학생이 미리 정해져 있는 것이 아니라는 사고방식이 있다. 누구든지 노력하면 잘할 수 있고, 노력하지 않으면 잘할 수 없다고 생각하는 사람은 성장형 마인드세트growth mindset를 가지고 있다고 한다Dweck, 2011. 교사와 학부모가 가지고 있는 성장형 마인드세트는 그대로 학생에게 전달되어 스스로 노력하면 잘 하고, 노력하지 않으면 잘할 수 없다고 생각한다. 그러므로 모든 사람, 특히 아동에게 큰 영향을 주는 위치에 있는 부모와 교사는 성장형 마인드세트를 가져야 한다.

"네가 노력해서 좋은 성과를 냈구나! 수고 많이 했다." 하는 식으로 노력에 대한 칭찬을 받으며 자란 아동은 성장형 마인드세트를 가지게 된다. 사람은 노력하면 얼마든지 좋은 결과를 낼 수 있다고 믿기 때문에 어려운 일을 두려워하지 않고 도전한다. 또한 노력이 부족해서 성과를 내지 못한 것으로 평가를 받은 아동은 노력하면 잘할 수 있다고 생각하기 때문에 도전하는 것을 두려워하지 않는다. 그러므로 개인이 가지고 있는 자신에 대한 관념에 따라 자신의 잠재 능력을 최대한 실현할 수도 있고, 반대로 실현하지 못할 수도 있다. '칭찬은 고래도 춤추게 한다.'라는 말이 있지만 모든 칭찬이 좋은 것은 아니다. 개인의 노력보다는 능력, 과정보다는 결과를 칭찬하는 것은 좋은 칭찬이 아니다. 개인의 노력과 과정을 칭찬하는 것이 좋다.

성장형 마인드세트를 가진 교사의 대표적인 사례로서 프레이리Freire, 1968를 들 수 있다. 그는 1960년대 초 문맹자는 대통령 선거권이 없는 브라질에서 45일 만에 300여 명의 사탕수수 노동자가 글을 읽을 수 있도록 하는 데 성공하였다. 그는 노동자들에게 글을 아는 사람이 사는 좋은 집과, 글을 모르는 사람이 사는 좋지 않은 집을 비교해 보여 줌으로써 글을 알면 어떻게 다르게 살아갈 수 있는지를 알게 해 주었다. 이것은 문맹을 바꿀 수 없는 숙명으로 생각하고 살아가는 노동자도 노력하면 글을 알 수 있게 된다는 것을 보여 준 좋은 사례이다.

우리는 저출산으로 인해 아동 한 명, 한 명이 매우 중요한 시대에 살고 있다. 모든 아동이 한 명도 낙오하지 않고 잘 성장할 수 있도록 도와주어야 한다. 교사는 대체로 초등학교부터 고등학교 생활에 이르기까지 상위 5%에 드는 우수한 성적을 보유한 경험을 가지고 있다. 입학하기 어려운 교육대학교와 사범계열의 전공자로서 어려운 시험 과정을 통과하여 교사가 된다. 그러므로 많은 교사는 공부를 잘하지 못하는 친구들을 이해하지 못하는 고정형 마인드세트를 가지고 있기 때문에 다양한 학생들을 교육하는 데 어려움이 있다.

앞 장에서 언급한 협동학습 수업 전문가 김현섭 선생님의 교육 이야기를 예로 들어 보자. 〈표 4-6〉에서 보는 바와 같이 교사의 열 가지 비합리적인 신념은 언뜻 보기에 수긍이 가는 내용들이다. 대체로 교직 사회의 특수한 문화를 잘 반영하고 있다. 하지만 이 내용들을 하나하나 잘 생각해 보면 이러한 생각들은 교사가 가지고 있는 고정형 마인드세트에 가깝다. 김현섭 선생님도 비합리적이라고 했듯이, 이 신념들은 합리적인 신념으로 바꾸어 나가야 한다. 즉, 베이시스교육네트워크에 소속한 교사들이 가지고 있는 것과 같이, 모든 학생은 높은 수준의 성취를 이룰 수 있다는 성장형

〈표 4-6〉 교사의 비합리적인 열 가지 수업 신념들

	비합리적인 신념	합리적인 신념
1	어차피 수업을 통해 모든 학생을 만족시킬 수는 없다.	다양한 수업 방식으로 완전학습을 실현하면 모든 학생을 만족시킬 수 있다.
2	학생들이 저렇게 배우길 싫어하니 학습할 의지가 있는지 없는지 헷갈린다.	모든 학생은 배우기를 갈망하고 있다.
3	학생은 교사의 스타일에 맞출 수밖에 없다.	테크놀로지를 활용하면 개별 학생의 수준에 맞게 맞춤형 수업을 할 수 있다.
4	바쁘다 보니 수업 준비할 시간이 없다.	수업에 집중하면 준비할 시간이 충분하다.
5	이렇게 수업하면 진도 나가기 어렵다.	학생이 수업에 적극적으로 참여하면 진도를 충분히 나갈 수 있다.
6	학기 초에 학생들을 꽉 잡아야 일 년이 편하다.	학생을 자유롭게 해 주어도 학급을 잘 운영할 수 있다.
7	학급당 학생 수가 줄어들면 수업하기 좋다.	토론식 수업과 프로젝트 수업에서는 학생이 적당히 있는 것이 다양한 의견을 듣고 산출물을 생산하는 데 도움이 된다.
8	새로운 수업 방식은 준비를 철저히 한 다음 천천히 적용해도 늦지 않다.	새로운 수업 방식은 준비가 필요하지만 도입은 빠를수록 좋다.
9	나는 쇼맨십이 없어서 저 교사처럼 수업하기 힘들다.	학생 중심의 수업을 하면 쇼맨십이 없어도 충분히 잘할 수 있다.
10	내 수업의 수준은 중간 이상이다.	학생의 평가를 받아 보기 전에는 내 수업이 어느 수준인지 알 수 없다.

자료: 김현섭(2016).

* '합리적인 신념'은 필자의 생각임.

마인드세트로 바꾸어 나가야 한다.

〈표 4-6〉의 오른쪽에 필자가 합리적이라고 생각하는 수업 신념

들을 적어 보았다. 사람마다 다른 신념을 가질 수 있고, 자신의 신념을 합리적이라고 생각할 수 있다. 그러나 부정적인 고정형 마인드세트를 갖는 것은 본인은 물론 학생에게도 좋지 않다. 부정적인 신념보다 가급적이면 긍정적인 신념이 좋다. 긍정적인 신념 중에서도 노력보다 타고난 능력을 강조하거나 과정보다 결과를 강조하는 신념은 매우 경계해야 한다. 왜냐하면 능력이나 결과를 강조하는 신념은 고정형 마인드세트로 발전할 수 있기 때문이다.

대부분의 신임 교사는 초임 시절 열심히 학생 교육에 임한다. 그러나 5년 정도 지나면서 노력해도 변하지 않는 학생들을 보면서 변화시키겠다는 열정이 식고, 고정형 마인드세트가 생기게 된다. 〈표 4-7〉은 고정형 마인드세트와 성장형 마인드세트가 어떻게 서로 다른지 그 차이를 보여 준다.

〈표 4-7〉 고정형 마인드세트 vs. 성장형 마인드세트

구분	고정형 마인드세트	성장형 마인드세트
자신에 대한 믿음	자신의 지능이나 재능 등의 기초적 역량이 고정되어 있다고 믿는다.	자신의 지능이나 재능 등의 기초적 역량이 고정되어 있지 않으며, 노력을 통해 능력을 개발할 수 있다고 믿는다.
열망	다른 사람에게 똑똑해 보이려는 열망이 있다.	새로운 것을 배우려는 열망이 있다.
새로운 도전	다른 사람에게 실망감을 주지 않기 위해 새로운 도전을 피한다.	새로운 도전을 기꺼이 받아들인다.
장애	장애를 만나면 쉽게 포기한다.	장애를 걸림돌의 하나로 여기고, 쉽게 포기하지 않는다.

노력	노력을 해도 소용없거나 틀렸다고 생각한다.	노력을 완성으로 가는 경로로 보고, 노력을 통해 반드시 달성된다고 생각한다.
비판	유용하지만 부정적인 비판은 무시한다.	유용한 부정적인 비판으로부터 배운다.
타인의 성공	다른 사람의 성공을 위협으로 느낀다.	다른 사람의 성공에서 교훈과 영감을 찾는다.
성취	결과적으로 빨리 정체되고, 가지고 있는 잠재력보다 훨씬 낮은 성취를 한다.	결과적으로 아주 높은 수준의 성취를 이룬다.
관점	이 모든 것은 세상에 대한 결정론적 시각으로 굳어진다.	이 모든 것은 위대한 자유 의지를 주며, 세상에 대한 '할 수 있다' 정신('Can Do' Spirit)으로 발전한다.

성장형 마인드세트를 가진 교사는 스스로 공부하는 모습을 학생에게 직접 보여 준다. 교사는 모든 학생이 학습 내용을 충분히 익히고 습득할 수 있다고 믿고, 그렇게 하기 위해 노력해야 한다. 마치 사탕수수 노동자들도 글을 깨칠 수 있다고 믿는 프레이리와 같은 믿음을 가져야 한다. 또한 애리조나 주의 베이시스교육네트워크BASIS.ed network에 소속된 교사와 같은 성장형 마인드세트를 가져야 한다. 그러므로 신임 교사를 선발할 때는 성장형 마인드세트를 가진 사람을 선발해야 한다. 그리고 현직 교사가 고정형 마인드세트를 가지고 있다면 연수를 통해 성장형 마인드세트로 바꾸어 나가야 한다.

3) 다섯 가지 수업 전략을 통합적으로 적용한다

지금까지 심층학습을 위한 수업 전략을 다섯 가지로 나누어 설명하였다. 이 다섯 가지 전략은 이해를 돕기 위해 편의상 나눈 것이며, 실제 수업에서는 하나의 세트와 같이 통합적으로 적용하여야 한다. 처음의 네 가지 전략, 즉 '학생이 학습의 주체가 된다.' '온라인상의 다양한 학습콘텐츠를 활용한다.' '주요 개념과 핵심 지식을 깊이 이해한다.' '새로운 산출물을 생산한다.'라는 것은 강의식 수업을 대체하기 위해 새로운 수업 방식을 도입하고 활용하는 것이다. 거꾸로학습이 효과를 보기 위해서는 온라인학습과 하브루타학습 그리고 프로젝트학습이 동시에 적용되어야 한다. 하브루타학습도 거꾸로학습과 온라인학습 그리고 프로젝트학습과 같이 적용되어야 효과가 있다. 프로젝트학습도 마찬가지이다.

교사는 새로운 수업 방식들을 익혀서 통합적으로 사용할 수 있도록 수업 디자인을 만들고 내용을 구성할 수 있어야 한다. 마지막 전략인 '교사가 성장형 마인드세트로 무장한다.'라는 것은 스스로 생각하는 관점을 바꾸는 일이므로 쉬운 일이 아니다. 교사는 끊임없이 성장형 마인드세트로 생각할 수 있도록 자신의 생각을 훈련시켜야 한다. 이 다섯 가지 전략이 차례로 완성되어 최종적으로는 다섯 가지 전략이 모두 하나의 세트로서 동시에 적용되도록 수업을 운영해야 한다.

종래의 강의식 수업은 교사로 하여금 똑같은 내용을 여러 교실에서 앵무새가 하듯이 되풀이하는 식으로 하기 때문에 스스로를 허탈하게 만들 수 있다. 교사는 교수-학습 관련 전문성을 개발하는 동시에 개인의 성장과 성숙을 위해 부단한 노력을 기울여야 한다. 그 과정에서 발전하는 자신을 발견하고 만족과 행복을 느낄 수 있다.

인간적으로 스스로 성숙하고 성장하지 않는 개인은 어떤 일을 하더라도 행복할 수 없다. 교사가 행복하지 않다면 똑같은 일을 되풀이하는 직업에서 오는 것도 있지만 성장하고 발전하지 않는 자신에 대해 만족하지 못하기 때문일 수 있다. 수업 방식을 바꾸면 교사는 새롭게 더 많이 수업 준비를 해야 하고, 이 과정에서 발전하는 자신의 모습과 학생의 발전을 지켜보면서 행복해진다.

지금까지 미래학교의 교육체계를 설계해 보았다. 미래교육의 비전은 모든 아동이 건강한 사회에서 자유롭고 행복한 삶을 사는 것으로 하고, 교육이념은 홍익인간 정신을 함양하는 것으로 설계해 보았다. 교육목표는 미래 세대의 바른 마음 함양과 창조적인 사고 능력 개발로 하고, 주요 가치는 신뢰, 공감, 헌신 그리고 도전으로 하였다. 미래교육의 핵심 전략은 심층학습이 가능한 미래학교를 만드는 것으로 설정해 보았다. 그리고 인성교육을 위한 주요 전략으로 사회정서학습의 중요성을 재확인하고 강화해 나가야 함을 밝혔다. 미래교육에서 가장 중요한 비인지 능력의 향상을 위해 사회정서학습을 강화해 나가는 것은 좋은 인성을 길러 주는 결과를 가져온다.

마지막으로, 학교교육에서 가장 중요한 수업에 대해 검토하였다. 수업은 여러 가지 이유로 인해 잘하기 어려운 점이 많이 있다. 그러므로 현재와 같은 표층학습을 심층학습으로 바꾸는 일은 매우 어렵고 힘들다. 그러나 수업을 바꾸지 않고 교육을 바꿀 수 있는 길은 없기 때문에 교사는 수업을 바꾸기 위해 전력을 다해 노력해야 한다. 심층학습을 위한 다섯 가지 수업 전략으로서, 첫째, 학생이 학습의 주체가 되도록 하고, 둘째, 온라인상의 다양한 학습콘텐츠를 활용하고, 셋째, 주요 개념과 핵심 지식을 깊이 이해하게 하며, 넷째, 새로운 산출물을 생산하고, 다섯째, 교사가 성장형 마인드세트로 무장할 것을 제안하였다. 마지막으로 다섯 가지 수업 전략을 통합적으로 적용할 것을 권장하였다.

제5장
미래교육을 위한 정책 제안

앞선 장들에서 우리 사회의 당면 과제와 미래사회의 변화를 고려하여 미래교육이 나아갈 방향, 비전과 전략 등을 살펴보았다. 먼저, 미래교육을 위한 정책을 제안하기 위해 이들을 다시 한 번 검토해 본다.

첫째, 다양한 문화의 부재로 인한 획일적인 가치관 문제를 해결하는 방법은 정부와 교육청이 획일적인 정책을 지양하고 개별 교육기관을 자율적이고 개방적으로 운영하도록 하는 것이다. 근대화 과정에서는 정부 주도의 개발 정책이 효과를 보았다. 하지만 선진국으로 진입하기 위해 창의성을 강조하는 시대에 정부와 교육청의 부적절한 개입은 민간의 자발적인 활동을 제약함으로써 교육을 퇴보시킬 뿐이다.

둘째, 문제해결 능력의 부족 문제 역시 개별 교육기관의 자율적인 운영을 통해 해결이 가능하다. 정부와 교육청의 획일적인 정책은 개별 교육기관 및 교사로 하여금 상급 기관의 눈치를 보고 의존하게 만들며, 문제해결 능력이 생기는 것을 가로막는다.

셋째, 테크놀로지 활용 능력의 부족 문제는 정부의 노력이 필요하다. 코딩교육을 강화하고 학교 테크놀로지 환경의 개선을 위해 정책을 세우고 재정 지원을 해야 한다.

넷째, 저출산과 사회 양극화 문제는 이미 언급한 바와 같이 정부의 영유아 보육과 교육을 위한 정책과 지원을 강화해 나가야 한다.

일부 시민단체와 언론은 우리 사회의 모든 교육문제를 정부가 해결하라고 촉구한다. 하지만 교육기관의 자율적인 운영을 무시하고 정부가 나서는 한, 문제를 해결하기보다 지속시키는 효과만 있을 뿐이다. 정부의 부적절한 개입은 교육기관이 발전하는 방향으로 나아가기보다 퇴보하게 한다. 그러므로 정부는 해야 할 일과 하지 않아야 할 일을 먼저 판단해야 한다. 교육 분야가 발전하지 못하고 낙후한 이유는 정부와 교육청이 잘못된 여론에 밀려 아직도 모든 문제를 직접 해결하려고 하기 때문이다.

다음으로, 미래교육이 나아가야 할 방향을 검토해 본다. 첫째, 바른 마음을 길러 주는 일은 학교의 자율에 맡기는 것이 좋다. 학교가 사회정서학습을 강화하여 해 나갈 수 있다. 둘째, 인공지능 활용 능력을 길러 주는 일은 코딩교육을 초 · 중 · 고등학교의 교육과정에 반영해야 하므로 정부의 적극적인 노력이 필요하다. 셋째, 심층학습을 지향해야 한다. 넷째, 창업지향적인 교육을 해야 한다. 다섯째, STEAM과 같은 융합교육으로 가는 일도 학교가 주도적으로 할 수 있도록 자율에 맡기고 정부와 교육청은 지원하는 일을 충실히 하면 된다.

이상의 검토를 기초로 정부가 해야 할 교육정책은 다음 다섯 가지로 요약할 수 있다.

첫째, 교육기관의 자율과 개방을 위한 정책이다. 이는 대부분의 선진국이 나아가고 있는 정책 방향이다. 대학의 경쟁력 강화를 위해 학생부 종합전형은 대학의 자율에 맡기고, 대학을 지원하기보다 대학 교수와 학생에게 직접 재정 지원을 하고, 부실 대학의 퇴출 경로를 마련하는 정책을 제안한다. 사립학교의 자율적인 경영을 존중하며, 국제사회와의 소통 증진을 위해 9월 신학기제의 도입을 제안한다.

둘째, 테크놀로지 활용 정책이다. 인공지능을 활용하기 위해 코딩교육을 강화하고, 학교의 테크놀로지 환경을 개선하기 위해 정부의 적극적인 의지와 노력을 건의한다.

셋째, 교사의 전문성 강화 정책이다. 사회정서학습과 심층학습을 위해 교사의 역할이 중요해지므로 교육전문대학원을 설치할 것을 제안한다. 정부와 교육청은 능력 있는 교사를 양성하고 선발해야 하며, 현직 교사에게 충분한 재교육을 해야 한다.

넷째, 영유아 보육과 교육 정책을 강화하는 것이다. 저출산과 사회 양극화 문제를 해소할 수 있는 가장 좋은 정책으로 바우처 제도를 도입할 것을 건의한다.

다섯째, 통일 후 남북한 교육통합 정책이다. 지금까지 이 책에서 언급하지는 않았지만 통일은 언제 어떻게 다가올지 모른다. 교육분야 역시 통일 후의 남북한 교육통합에 항상 대비해야 한다.

1. 교육기관의 자율과 개방을 위한 정책

교육기관의 자율과 개방 정책은 선진국으로 진입하기 위해 노력하는 우리 사회에 반드시 필요한 정책이다. 국민의 마인드는 선진국 수준인데 교육정책은 개발도상국 수준에 머물 수는 없기 때문이다. 첫째, 「헌법」에도 보장하고 있는 대학의 자율 운영을 인정해야 경쟁력이 생긴다. 정부는 대학의 경쟁력을 이야기하면서 통제하고 있는 것은 앞뒤가 맞지 않는다. 둘째, 사립학교는 소중한 자산이므로 이를 잘 발전시킬 수 있는 정책을 펴야 한다. 셋째, 글로벌 시대에 국제적인 소통을 강화하기 위해 9월 신학기 제도를 도입하는 일이다.

1) 대학의 경쟁력 강화 정책

대학의 경쟁력 강화는 자율적인 운영을 통해서 가능하다. 먼저, 학생 선발에서 자율성을 행사하도록 한다. 대학입학 전형 방법은 대학의 자율 정책이기도 하고, 중·고등학교 교육의 정상화에 중대한 영향을 미치므로 매우 중요하다. 다음으로, 정부의 대학 지원 정책은 교수와 학생에게 직접 지원하는 방향으로 변화할 필요가 있다. 그리고 부실 대학이 자율적으로 퇴출할 수 있는 길을 열어 주는 정책도 필요하다.

(1) 학생부 종합전형은 희망의 불씨이므로 대학의 자율에 맡긴다

교사를 포함하여 대부분의 사람들은 초·중등교육이 잘못하고 있는 것은 대학입시제도가 잘못되어 있기 때문이라고 이야기한다. 많은 사람이 이 이야기를 진지하게 받아들이며, 대학입시제도를 바꿀 것을 계속해서 요구해 왔다. 대학입학정책을 담당하고 있는 교육부는 해방 이후 크게 12차례에 걸쳐 입학제도를 바꾸었다. 물론 바꿀 때마다 항상 새 제도는 초·중등교육을 정상화하고, 사교육의 영향을 덜 받도록 할 수 있다는 이유를 붙였다. 과연 대학입시제도를 바꾸면 초·중등교육이 잘될 수 있는가? 필자는 비교적 최근인 2015년부터 도입된 학생부 종합전형에서 조그만 희망의 불씨를 본다.

〈표 5-1〉을 통해 대학입학제도가 변천해 온 과정을 살펴보자. 우리의 현대 교육은 1945년 온 민족에게 희망을 가져다 준 해방과 함께 시작되었다. 미군정과 초기 정부는 초등 기초교육과 문맹 퇴치에 몰두할 수밖에 없었다. 대학은 뜻있는 민간의 손에 의존하였으므로 대학은 스스로 대학별 단독시험을 통해 학생을 선발했다. 1954년에는 대학입학 자격고사인 연합고사와 대학별 본고사를 병과하여 사용해 보았으나, 다음 해에 다시 대학별 단독시험으로 돌아갔다.

제3공화국이 들어선 이후 1962년 정부는 대학입학자격을 부여하는 대학입학자격 국가고사제를 도입하였다. 이 제도도 2년 실시하고, 준비 부족으로 인해 다시 대학별 단독시험으로 돌아갔다. 당시에는 정부보다 대학의 입학관리 능력이 더 신뢰할 수 있는 수준이라고 볼 수 있다. 1969년 정부는 지난 실패를 거울삼아 이번에는 대학입학 예비고사를 도입했다. 대학입학 예비고사는 꽤 성공적인 제도로 정착되어 대학별 본고사와 함께 1980년까지 11년 동안 유지되었다.

1981년 제5공화국 정부는 졸업정원제를 도입하면서 대학별 본고사를 폐지하고, 고등학교 내신 성적을 반영하는 제도를 도입하였다. 정부는 1982년 예비고사를 학력고사로 명칭을 변경하였다. 1986년에는 대학별로 논술고사를 실시하도록 허용하였으나 2년 뒤 논술 고사도 폐지하고, 대학입학 학력고사와 고등학교 내신 성

〈표 5-1〉 대학입학제도의 주요 변천과정

연도	대학	대학 + 정부 (+고등학교)	정부 (+고등학교)
1945~1953	대학별 단독시험제		
1954		대학입학 연합고사+ 대학별 본고사	
1955~1961	대학별 단독시험제		
1962~1963		대학입학자격 국가고 사+대학별 본고사	
1964~1968	대학별 단독시험제		
1969~1980		대학입학 예비고사+ 대학별 본고사	
1981			대학입학 예비고사+ 고등학교 내신 성적
1982~1985			대학입학 학력고사+ 고등학교 내신 성적
1986~1987		대학입학 학력고사+ 고등학교 내신 성적· 논술고사	
1988~1993			대학입학 학력고사+ 고등학교 내신 성적
1994~1996		대학수학능력시험+ 고 등학교 내신 성적·대 학별 고사(본고사)	
1997~2000		대학수학능력시험+ 학교생활기록부·대 학별 고사(논술)	
2001~현재		대학수학능력시험+ 학 교생활기록부·추천 서·논술·심층면접 등	

적으로 입학을 결정하였다. 1988년 정부는 졸업정원제를 폐지하고 입학정원제로 환원하였다. 1994년에는 소위 수능이라는 명칭으로 지금까지 내려오고 있는 대학수학능력시험이 도입되고 대학별 본고사가 허용되었다.

1997년 국·영·수 위주의 본고사가 금지되면서 다시 논술을 허용하고, 교과내신와 비교과 활동을 기록한 학교생활기록부를 도입하였다. 이로 인해 수능과 학교생활기록부, 논술 등 대학과 고등학교 그리고 정부가 모두 참여하는 입학시스템이 구축되었다. 2001년에 추천서, 심층면접 등이 도입되었으며, 2008년에 입학사정관제도가 도입되어 지금과 같은 틀을 갖추게 되었다.

대학입학제도는 대학과 정부 간 서로 자신이 시험을 주도하려고 하는 힘겨루기에 의해 〈표 5-1〉에서 보는 바와 같이 지그재그로 발전해 왔다. 1997년경부터 대학과 정부 중 어느 한편이 입학정책을 독점하지 않고, 고등학교까지 균형 있게 참여하는 대학입학 시스템이 정착되었다. 이 1997년 시스템은 이후 약간의 변화가 있지만 지금까지 약 20여 년간 대학, 고등학교 그리고 정부가 대학입학 정책에서 소외되지 않고 참여하는 가운데 운영되고 있다.

해방 후 지금까지 70여 년 동안 대학입학제도가 12번 크게 바뀌었으므로 평균 6년에 한 번씩 제도가 바뀌었다. 하지만 실제로는 〈표 5-2〉와 같이 매년 조금씩 제도가 바뀌었으므로 거의 매년 바뀐 것 같은 느낌을 준다. 이와 같이 대학입학제도가 그동안 수십 번 바뀌어 온 이유는 대학과 정부 간에 주도권 다툼의 이유도 있지만 초·중등교육을 정상화하고 사교육의 영향을 약화시키려는 목

〈표 5-2〉 대학입학제도의 주요 변천과정과 주요 내용

연도	대학	대학 + 정부 (+고등학교)	정부 (+고등학교)	제도 내용
1945 ~ 1953	대학별 단독시험제			• 대학별 입학시험 실시 • 선지원
1954		대학입학 연합고사+대학별 본고사		• 대학입학 연합고사(자격고사)와 대학별 본고사 병과 전형 • 선 시험
1955 ~ 1961	대학별 단독시험제			• 대학별 본고사 및 고등학교 내신 성적 병과 전형 • 고등학교 내신 성적에 의한 무시험 전형 • 선 시험
1962 ~ 1963		대학입학자격 국가고사+대학별 본고사		• 대입자격을 국가고사로 전환하고, 각 대학에서 실시하는 실기고사, 신체검사, 면접의 결과도 선발 자료로 이용
1964 ~ 1968	대학별 단독시험제			• 대학별 입학시험 실시 • 필기시험 이외에 진학적성검사, 신체검사, 면접을 함께 실시 • 선지원
1969 ~ 1980		대학입학 예비고사+대학별 본고사		〈1969~1972년〉 • 대학입학 예비고사를 도입하고, 합격자에게 대학 본고사 응시자격 부여 〈1973~1980년〉 • 대학입학 예비고사 성적을 대학별 전형에 30% 반영 • 내신 성적도 입학전형에 반영 • 선 시험
1981			대학입학 예비고사+고등학교 내신 성적 반영	〈1981년〉 • 대학별 본고사 폐지 • 졸업정원제 도입 • 대학입학 예비고사 성적 50% 이상과 고등학교 내신 성적 20% 이상 전형 • 선 시험

1982 ~ 1985			대학입학 학력고사+고등학교 내신 성적 반영	〈1982~1985년〉 • 대학입학 학력고사 도입 • 대입학력고사 성적 50% 이상과 고등학교 내신 성적 30% 이상 병과 전형 〈1985년〉 • 고등학교 내신 성적 등급 간 점수 차이 조정(2.7점-2점) • 선 시험
1986 ~ 1987		대학입학 학력고사+고등학교 내신 성적·논술고사		〈1986년〉 • 대학별 논술고사 도입(10% 범위 내 성적 반영) • 고등학교 내신 성적 학년별 성적 반영 조정 • 선 시험 〈1987년〉 • 대학입학 학력고사 성적 50% 이상과 고등학교 내신 성적 40% 이상 및 논술고사 성적 10% 병과 전형 • 고사과목을 9개 과목(필수 5, 선택 4)으로 축소 • 선 시험
1988 ~ 1993			대학입학 학력고사+고등학교 내신 성적	• 논술고사 폐지 • 졸업정원제 폐지, 입학정원제 환원(1988학년도부터) • 대학입학 학력고사 대학별 실시(중앙교육평가원 출제) • 고등학교 내신 성적 30% 이상 의무화 • 면접고사(합격·불합격 자료), 과목별 가중치 적용 • 선지원 후시험
1994 ~ 1996		대학수학능력시험+고등학교 내신 성적·대학별 고사(본고사)		• 대학수학능력시험 도입 • 대학수학능력시험 성적과 대학별 고사의 채택 여부, 성적의 반영 비율, 반영 방법은 자율적으로 결정 • 1994년 수능 2회 실시 • 1995학년도부터 수능을 1회로 조정 • 고등학교 내신 성적 40% 이상 의무화 • 내신등급은 10등급에서 5등급으로 세분화 • 1996년부터 대학 설립 준칙주의 도입

1997 ~ 2000	대학수학능력시험+학교생활기록부 · 대학별 고사(논술)		• 국 · 영 · 수 위주의 본고사 금지(국공립대학) • 1999년 3불제도(기여 입학, 고교서열화, 본고사) 도입 • 대학별 논술고사 허용 • 평가방법을 시험에서 전형으로 전환 • 전형유형은 종전과 같이 일반전형과 특별전형으로 구분 시행 • 대학별로 다양한 전형제도의 개발 유도 • 대학의 학생선발 자율권 확대 • 정원 및 학사운영 자율화와 연계하여 연중 수시 선발할 수 있게 하고, 수험생의 실질적인 복수지원 기회를 확대
2001 ~ 현재	대학수학능력시험+학교생활기록부, 추천서 · 논술 · 심층면접 등		〈2001~2004년〉 • 국 · 영 · 수 위주의 본고사 금지(사립대학까지 확대) • 수능 총점 폐지 및 9등급제 도입 • 수시 1학기 모집으로 확대
			〈2005~2007년〉 • 제7차 교육과정 시행에 따른 수능 체제 변경 • 수능 원점수 폐지 및 영역/과목별 표준점수, 백분위, 9등급제 도입
			〈2008년〉 • 입학사정관제도 도입 • 동일계 특별전형 도입(동일계 특별전형 외 비교내신 금지) • 학생부 표기방식 변경(평어→석차등급, 원점수, 표준편차) 을 통한 신뢰도 제고 • 수능 9등급제 도입(영역/과목별 표준점수, 백분위 점수 미제공)
			〈2009년〉 • 수능성적 표준점수로 기재
			〈2012년〉 • 사회 · 과학 탐구 선택과목 수 3과목으로 축소 • 과목별 만점자 비율 1%로 출제

				〈2013년〉 • 대입전형 3년 사전예고제 도입
				〈2014년〉 • 대학 설립 준칙주의 폐지 • 수준별 수능 도입으로 영어 A/B형 구분돼 출제 • 사회·과학 탐구 선택과목 수 2과목으로 축소
				〈2015년〉 • 수능에서 영어 수준별 시험 폐지 • 국어, 수학은 수준별 시험 유지 • 수시에서 수능성적 반영 완화 • 학생부 종합전형 도입과 전형방법 수시 4개, 정시 2개로 제한(〈표 5-3〉 참고) • 수시 원서접수 기간 한 차례로 통합
				〈2017년〉 • 2021년부터 수능 문·이과 통합 • 수능 절대평가로 전환 검토 • 수시에서 수능 최저학력기준 폐지 검토

적이 있었다.

초기의 대학입학제도는 입시入試와 같이 '시험'이라는 관점에서 이해하고 접근하였다. 이것이 1997년부터 시험을 넘어선 '전형銓衡'이라는 관점에서 접근하기 시작하였다. '대학입시'라는 말은 대학 입학 전형제도가 도입되어 20여 년이 지난 현재 시점에는 맞지 않는 시대에 뒤떨어진 이야기이다. 그러므로 입시가 아닌 전형의 관점에서 이루어지고 있는 현행 대학입학 전형제도를 살펴볼 필요가 있다.

현재 진행되고 있는 대학입학전형의 유형은 〈표 5-3〉과 같다.

현행 대학입학 전형제도는 수시와 정시로 나누어진다. 수시는 학생부 교과전형, 학생부 종합전형, 논술 전형 그리고 실기 전형의 네 가지 유형이 있고, 정시는 수능 전형과 실기 전형의 두 가지가 있다.

〈표 5-3〉 2015년 이후 대학입학전형 유형(2015년 학생부 종합전형 도입)

구분	전형 유형	주요 전형 요소
수시	학생부 교과전형	학생부 교과(내신) 우선 + 비교과 일부(면접 등)
	학생부 종합전형	학생부 비교과 우선 + 교과(내신) + 자기소개서 + 추천서 + 포트폴리오 + 면접 등
	논술 전형	논술 우선 + 다른 전형 요소 보조(수능 최저등급 기준 등)
	실기 전형	예체능 특기자 전형 + 어학, 수학, 과학 등 특기자 전형 + 대학별 특별전형인 실기 전형(특기 등 증빙자료 활용 가능)
정시	수능 전형	수능 등
	실기(특기) 전형	실기(특기 등 증빙자료 활용 가능) 등

수시 전형에서 첫째, 학생부 교과전형은 고등학교 교과 성적을 반영하는 내신에 의해 결정된다. 둘째, 학생부 종합전형은 학생부에 기재된 내용 중에서 교과 성적을 반영한 내신도 보지만 비교과를 입학의 중요한 준거로 한다. 즉, 자기소개서, 추천서, 포트폴리오와 면접 등을 통해 학생의 잠재력과 가능성을 중요하게 본다. 셋째, 논술 전형은 문자 그대로 논술 능력을 중요한 입학의 준거로 삼는다. 넷째, 실기 전형은 예체능 특기자와 어학, 수학, 과학 특기

자, 그리고 대학별로 실기를 중시하는 분야에 적용하고 있다. 정시 전형에서 수능 전형은 수능 점수가 입학 여부를 결정하고, 실기 전형은 실기가 필요한 분야에 적용된다.

현재 이루어지고 있는 대학입학전형의 여섯 가지 유형을 장기적인 관점에서 보면, 앞으로 정시에서 수능 전형을 보는 대학은 점차 줄어들 것으로 예상된다. 가장 큰 이유는 같은 날, 같은 시간에 전국적으로 비행기도 뜨지 못하게 하고 수능시험을 보는 일이 시험을 준비하는 측과 시험을 보는 학생들에게 너무 큰 부담이 되기 때문이다. 그리고 한 번의 시험으로 중요한 입학이 결정되는 것은 자연스럽거나 바람직한 일이 아니다.

수능은 미국의 SAT와 같이 문제은행식으로 출제되고, 학생들에게 몇 차례의 기회가 주어지고, 학생은 좋은 점수를 대학에 제출하는 형태가 될 것이다. 대학은 수능이 일정 수준 이상인가를 보고, 다른 능력들을 볼 가능성이 더 커질 것이다. 왜냐하면, 대학이 수능 점수 하나로 좋은 학생을 선발하는 것은 어렵기 때문이다. 대학 입학에서 수능의 중요성과 그 비중이 내려가는 것은 자연스러운 변화로 보인다. 그리고 정시의 실기 전형은 수시의 실기 전형으로 자연스럽게 통합될 것이다.

향후 계속해서 학생 수가 크게 감소하면 진학을 희망하는 대부분의 학생은 비교적 어렵지 않게 대학에 입학할 수 있을 것이다. 수시의 실기 전형은 계속 유지되지만 논술 전형은 감소하거나 학생부 종합전형의 포트폴리오에 통합될 것으로 예상된다. 그러므로 남는 것은 학생부 교과전형과 학생부 종합전형 그리고 실기 전형이 될 것이다. 결국 학생을 학교의 계획대로 선발할 수 있는 30 내지 40여 개의 상위권 대학은 학생부 종합전형으로 가고, 그렇지 않은 대학은 학생부 교과전형으로 가게 될 것이다.

이것은 미국에서 사립대학과 유수한 주립대학은 고등학교 성적 외에 교과외활동 등을 참고해서 학생을 엄격하게 선발하지만, 대부분의 주립대학은 학생의 고등학교 성적이 주의 평균 이상이면 입학을 허용하는 것과 같다. 그리고 우리의 전문대학과 같은 커뮤니티 칼리지는 일부 좋은 학교를 제외하고, 대부분 성적을 보지 않고 희망하는 모든 학생을 입학시키는 것과 같다.

그러므로 초·중등교육을 정상화하면서 미래사회를 살아갈 인재를 양성할 수 있는 대학입학 전형방법은 학생부 종합전형이라고 할 수 있다. 학생부 종합전형이 나오기 전까지의 대학입학전형은 기본적으로 수능시험 성적과 고등학교의 내신 성적이라고 하는 두 종류의 시험성적이 중심이었다. 이 시험성적은 대학입학전형이 투명성과 객관성을 무엇보다 중요하게 생각하는 학부모와 국민의 요청을 잘 반영하기 때문이다.

그동안 우리는 〈표 5-4〉에서 보는 바와 같이 초·중등교육과 대학입학전형을 통해 성적으로 나타나는 지식을 길러 주는 교육과 전형을 해 왔다. 미래사회는 창업 능력과 바른 마음 등이 중요하다

〈표 5-4〉 학생들에게 어떤 능력을 길러 주어야 하는가

	지금까지	미래
초·중등교육과 대학입학전형	지식(성적) 위주	지식(성적) + 능력(창업 등 기술과 기능) + 태도(바른 마음 등 가치관)

고 생각하면서도 초중등교육과 대학입학전형에서는 객관성과 공정성의 이유를 들어 이를 반영하지 못했다. 다행히 학생부 종합전형은 교과 성적 이외에 비교과 활동을 자세히 들여다보고, 학생의 잠재력과 가능성을 판단하여 입학을 결정할 수 있게 되었다. 이것이 바로 학생부 종합전형이 좋은 입학전형 방법이라고 보는 이유이다.

여기서 한 가지 매우 주의해야 할 사실이 있다. 그것은 지식 중심 교육을 역량 중심 교육으로 대체해야 하는 것으로 오해하는 데에서 오는 잘못이다. 영국은 세계에서 가장 먼저 역량 중심 교육의 중요성을 인지하고, 그 방향으로 교육을 운영하였다. 영국은 OECD가 발표한 역량연구Definition and Selection of Competencies, 2003와 궤를 같이 하여 뉴질랜드와 함께 가장 먼저 역량 중심 교육을 도입하였다. 그러나 영국은 지식의 중요성을 깨달으면서 2014년 다시 핵심 지식을 강조하는 방향으로 교육과정을 전환하고 있다.

이것은 '아는 것만큼 보인다.'는 말이 내포하고 있는 의미를 되새겨 보면 알 수 있다. 인터넷에 지식과 정보가 쌓이고 넘쳐도 머릿속에 아는 것이 없으면 그것을 활용할 수 없다는 것을 새삼 인식하기 시작한 것이다. 그러므로 지식 중심 교육을 역량 중심 교육으로 대체하는 것이 아니라 역량 중심 교육으로 보완하는 입장을 취해야 한다. 〈표 5-4〉에서 미래에는 '지식 + 능력 + 태도'라는 것은 능력과 태도가 지식을 대체하는 것이 아니라 기존과 같이 지식을 중시하면서 능력과 태도를 보완한다는 의미이다. 우리나라도 2015교육과정 개정을 통해 역량 중심 교육과정을 시작하는 것으로 되어 있다. 역량 중심 교육과정이라고 해서 지식을 가볍게 생각하는 어리석음을 범해서는 안 된다.

다만 현재 학생부 종합전형은 사교육의 영향을 많이 받는다는 비판이 있다. 정부는 학생부 종합전형이 '금수저 스펙'이라는 등의 일부 시민단체와 언론의 비판에 따라 이를 축소하려 해서는 안 된다. 마찬가지로 인위적으로 확대해서도 안 되며, 오로지 대학의 자율에 맡겨야 한다. 대학은 학생의 스펙이 학원에 의해 만들어진 것인지 아니면 학생이 스스로 만든 것인지를 잘 구분하여 학생을 선발해야 한다. 왜냐하면, 학원이 만들어 준 스펙을 가진 학생은 대학과 대학 이후 생활에서 스스로 능력을 보여 주지 못할 가능성이 많기 때문이다.

쉽게 말해서, 학생이 외부로부터 빛을 받아서 반사하는 반사체인지 아니면 스스로 빛을 발하는 발광체인지 잘 판단하는 일은 대학의 노력에 달려 있다. 대학이 스스로 발전하기 위해서는 발광체를 잘 선택해야 한다. 앞으로 대학이 선발과정에서 사교육의 영향을 적게 받고, 학생 스스로 주체적으로 성취한 업적들을 제대로 발굴해서 평가해 준다면, 이 전형방법은 초·중등교육을 정상화하고 다양한 능력을 가진 미래 인재를 양성할 수 있는 좋은 전형방법이 될 수 있다.

향후 창의성이 중요한 시대를 보다 잘 준비하기 위해 정부는 일부 시민단체와 언론의 학생부 종합전형이 '금수저 스펙'이라는 비판을 이겨낼 수 있어야 한다. 대학을 믿고 기다려 주어야 하며, 대학은 스스로 학원의 영향을 적게 받은 학생을 선발할 수 있는 능력을 길러야 한다. 정부는 대학교육의 자율성과 다양성을 신장하는 방향에서 더 많은 자율적인 운영을 허용해 나갈 필요가 있다.

(2) 대학 교수와 학생에게 직접 지원한다

대학의 경쟁력을 높이기 위해 정부의 대학 지원 정책이 바뀌어야 한다. 현재 정부는 대학에 지원하는 여러 가지 교육과 재정지원 프로그램을 통해 대학을 통제하고 있다. 대학의 입장에서는 정부가 지원하는 액수가 무시할 수 있을 정도로 작은 규모가 아니기 때문에 프로그램에 선정되기 위해 정부가 요구하는 각종 요건을 맞추기 위해 노력한다. 대학 평가도 국책연구기관을 통해 정부가 직접 하고 있으며, 그 결과는 대학 정원 등을 결정하는 데 반영되기 때문에 대학 통제의 한 방법으로 작용한다.

정부의 지원과 평가에 대응하는 대학의 노력은 교육 여건을 개선하는 좋은 효과도 있다. 하지만 모든 대학이 정부가 제시하는 요건에 맞추다 보면 모든 대학이 똑같은 방식으로 나아가게 되고, 결과적으로 획일적인 경영이 될 수밖에 없다. 모든 대학이 똑같이 되는 것은 바람직하지 않다. 다양성을 존중하는 방향으로 나아가야 대학의 경쟁력이 살아남에도 불구하고 현재 그 반대 방향으로 가고 있다.

대학의 경쟁력은 교수의 경쟁력이다. 그러므로 대학에 재정을 지원하는 프로그램을 모두 폐지하고, 연구하는 교수에게 직접 지원하는 정책으로 나아가야 한다. 정부가 대학에 직접 지원하면 대학은 정부의 눈치를 보기 때문에 자율적인 운영을 하기 어렵다. 정부가 교수에게 지원하면 대학은 좋은 교수를 유치하기 위해 노력하면서 대학 간 경쟁이 이루어지고 이를 통해 발전해 나간다. 대학은 정부를 보고 정책을 펴는 것이 아니라 교수를 보고 정책을 펴게 되며, 이것이 대학의 경쟁력을 살리는 길이다.

학생에 대한 지원도 마찬가지이다. 경제적으로 어려운 학생에게 정부가 직접 지원하는 방식이 효과적이다. 학생의 경제적인 문제를 정부가 해결해 주면 대학은 학생의 경제적인 상황을 고려하지 않고 모든 학생을 동등하게 생각하여 선발하고 교육할 수 있다. 대학은 모든 학생을 위한 정책을 펼 수 있게 된다. 대학교수와 학생에게 직접 지원하는 방법은 중간에 대학이 개입할 여지를 없애 준다. 따라서 모든 혜택이 바로 실수요자에게 직접 전달되므로 손실을 가장 적게 하는 방식이다. 대학은 정부의 입장에 신경쓰지 않고 교수와 학생을 위한 일에만 집중할 수 있게 된다. 이것이 대학의 경쟁력을 높이는 길이다.

(3) 부실 대학의 퇴출 경로를 마련한다

1996년부터 대학 설립 준칙주의가 도입되어 대학 설립의 문턱이 낮아졌다. 이로 인해 대학 설립이 쉬워져 비교적 많은 대학이 설립되었다. 이 정책의 배경은 세계화를 지향하는 문민정부가 1995년 3월 OECD 가입 신청을 하고, 1996년 12월 가입이 결정된 것과 궤를 같이 한다. 교육 분야에서는 1995년 5·31 교육 개혁안을 통해 누구나 언제 어디서나 원하는 교육을 받을 수 있도록 한다는 에듀토피아Edutopia 정신에 기초하고 있다. 누구나 쉽게 고등교육을 받을 수 있도록 하기 위해 대학 설립을 쉽게 할 수 있도록 한 것이다.

최근 학생 수의 감소로 인해 학생을 충원하지 못하는 대학이 늘고 있다. 정부와 국회는 이들 대학이 문을 쉽게 닫을 수 있도록 해야 할 필요성을 느꼈다. 18대 국회 회기 중인 2010년부터 사립대학 구조조정 관련 법안이 국회에 제출되었다. 이것은 사립대학이 시장에서 쉽게 퇴출할 수 있도록 퇴출 문턱을 낮추어 주는 제도이다. 18대 국회에서 통과되지 않아 자동 폐기된 법안이 19대 국회에도 제출되었다. 19대에서도 법안이 통과되지 않아 회기 종료와 함께 자동 폐기되었다. 20대 국회가 운영 중인 지금 재산 처분 문제에 대해 여야 간에 합의가 이루어지지 않아 계류 중이다.

설립 문턱을 낮추었으면 퇴출 문턱도 낮추어야 쉽게 설립하고, 쉽게 퇴출할 수 있다. 현재 사립대학의 퇴출은 대학 스스로 판단해서 이루어지지 않고 정부의 평가에 의해 결정된다. 퇴출의 칼자루를 정부가 쥐고 있기 때문에 군소 사립대학은 정부의 눈치를 보게 된다. 자연스럽게 퇴임하는 정부의 고위 공직자를 총장으로 모셔와서 공직 네트워크를 이용하여 재정지원 프로그램도 선정되고 퇴출을 막으려고 할 수밖에 없다. 국회의 문제해결 노력의 부족이 대학의 자율적인 운영을 어렵게 하는 결과를 가져오므로 보다 적극적인 해결 노력이 요청된다.

2) 사립학교의 자율적인 경영을 존중한다

건국 초기 정부의 지원이 미치지 못하는 중등교육과 고등교육 부문에 대해 뜻있는 민간인들이 자발적으로 나서서 사립학교를 세우고 교육을 하였다. 사립학교는 다양한 건학 이념에 따라 종교교육 등 공립학교가 하지 못하는 부분을 담당해 왔다. 또한 신속한 의사 결정과 실행으로 새로운 시도를 할 수 있는 등 많은 장점을 가지고 있다. 그동안 사립학교의 국가교육에 대한 기여와 공로는 이루 말할 수 없을 정도이며, 지금까지 정부와 교육청의 중요한 교육파트너로서 역할을 다하고 있다.

평소 사립학교나 그 재단이 잘못을 하면 엄하게 벌해야 한다. 그러나 가끔 발생하는 사학 재단의 불미스러운 일을 빌미로 사립학교를 통제하고 간섭해서는 사립학교의 장점을 살릴 수 없다. 대부분의 자유 선진 국가는 정부가 사립학교의 자율성을 존중하고 간섭하지 않는다. 사립학교는 정부와 교육청이 해야 하는 2세 교육을 대신 수행하는 기관이므로 인건비 지원 등의 재정 지원은 당연한 것이다. 정부와 교육청은 재정 지원을 이유로 공립과 같은 기준을 적용하거나 사립학교 교육을 마음대로 하려 해서는 안 된다.

현재 미국 등 선진국에서는 더 나은 미래교육을 위해 앞에서 소개한 알트스쿨, 미네르바스쿨 등 사립학교가 다양한 새로운 시도를 하고 있다. 공립학교는 새로운 시도를 하기 어려운 구조이기 때문이다. 사립학교는 대부분 비영리non-profit이지만 영리for-profit 학교까지 인정하고 있다. 좋은 교육을 위해 민간 부문에서 엄청난 노력을 하고 있으며, 주정부나 지방정부는 사립학교에 대해 일체 간섭을 하지 않는다. 미국에서는 부실한 공립학교 교육 문제를 해결하기 위해 협약학교charter school를 지정하여 자율적인 운영을 허용하고 있다. 물론 모든 비용은 지방교육청이 부담한다.

영국도 아카데미 형태로 공립학교를 신설하여 완전한 자율 경영을 하고 있으며 모든 비용은 중앙정부가 부담하고 있다. 현재 국제적인 추세는 공립·사립을 불문하고 재정 지원은 하되 간섭은 하지 않고, 자율 경영의 교육 결과에 대해 책임을 묻는 형식으로 가고 있다. 사립학교는 잘 발전할 수 있도록 육성해야 하는 우리의 귀중한 자산이다. 정부와 교육청이 사립학교의 자율적인 경영을 존중하는 것은 너무나 당연한 일이다.

3) 국제사회와의 소통 증진을 위해 9월 신학기제를 도입한다

우리는 현재 글로벌 시대에 살고 있다. 2016년 통산 2,200만여 명의 한국인이 해외로 나갔고, 1,700만여 명의 외국인이 우리나라를 방문했다. 현재 국내에는 200만여 명의 외국인이 살고 있으며, 그 자녀는 20만여 명에 달한다. 해외에 거주하는 동포의 수는 170여 개국 750만여 명에 이르고 있다.

글로벌 시대는 글로벌 인재양성의 시대를 의미한다. 2016년 기준으로 고등교육을 받기 위해 외국으로 유학을 나가 있는 학생은 22만여 명이며, 국내에 들어와 있는 외국인 유학생은 10만여 명이다. 이것은 가계의 교육투자로 봐야 하지만 비용 측면에서만 보면 우리는 매년 4조원 이상의 유학·연수 수지 적자를 보고 있다. 국내외 유학생은 물론 해외동포 자녀, 국내 외국인 자녀들이 더 좋은 교육을 받기 위해 국경을 넘나들고 있으며, 대부분의 선진국은 국적을 가리지 않고 교육을 제공하고 인재를 기르고 있다.

지금은 전 세계가 하루 24시간 실시간으로 소통하는 시대이다. 한국이 국제적으로 좋은 파트너 국가가 되기 위해서는 국제적인 교류와 소통과정에서 불편이나 불이익이 발생하지 않고 원활하게 이루어지도록 신학기제를 운영해야 한다. 국제적으로 대부분의 좋은 대학과 학교는 세계 국가의 70%가 있는 북반구에 위치하고 있으며, 9월 신학기제를 운영하고 있다. 국내 학생들은 3월에 시작하는 국내 학제와 9월에 시작하는 국제 학제의 차이로 인해 외국에 나갈 때와 다시 국내로 들어올 때 반년씩 1년 정도의 손해를 본다. 마찬가지로 우리나라에 들어오고 나가는 외국인 유학생도 같은 정도의 시간과 금전적인 손실을 본다.

국내 외국인 유학생의 60%를 차지하고 있는 중국도 9월 학기제를 운영하고 있기 때문에 해외 유학을 고려하는 중국인 학생은 일차적으로 9월 학기제를 운영하는 서구 국가의 대학과 학교를 선택한다. 따라서 한국과 일본을 선택한 중국인 유학생은 특별히 선호해서 선택한 경우가 아니라면, 9월 신학기제를 운영하는 서구의 대학에 여러 가지 이유로 진학하지 못한 경우로 볼 수 있다. 이것은 국제적으로 원활하게 소통되지 않는 국내 학기제로 인해 해외의 우수한 인재를 놓칠 수 있다는 의미를 담고 있다.

기존 제도를 바꾸는 수고로움과 추가적인 비용은 제도를 바꾸어 얻을 수 있는 혜택을 위해 감수해야 한다. 9월 신학기제가 도입되면 국제적인 통용성의 제고뿐만 아니라 그동안 겨울방학 이후 3월 새 학기가 시작되기 전까지 한 달간의 귀중한 시간이 제대로 사용되지 못했던 문제가 해결된다. 그리고 지금과 같이 11월수능과 1월 정시에 진행되는 입시로 인해 추운 겨울이 더 춥게 느껴지는 학생과 학부모의 고통을 덜어 줄 수 있다.

9월 신학기제를 도입하면서 겨울방학 기간을 줄이고 여름방학 기간을 늘리면 사회로부터 단절된 생활을 하고 있는 학생들에게 사회를 경험할 수 있는 좋은 기회를 제공할 수 있다. 대학생들은 긴 여름방학 동안 공공기관과 회사에서 인턴십을 하며 사회를 익히고 졸업 후 취업으로 연결할 수 있으며, 아르바이트로 돈을 벌거나 해외여행을 통해 국제사회를 배울 수 있는 기회를 갖게 된다. 물론 초·중·고등학생들도 마음껏 소질과 재능을 키울 수 있는 시간을 가지고, 이를 통해 더 성숙해질 수 있다.

지금도 늦었지만 더 이상 늦어지지 않도록 시대에 맞지 않는 현재의 학기 제도를 고쳐야 한다. 9월 신학기제는 국제적으로 본류 main stream이고, 3월 신학기제는 아주 작은 지류side stream임을 인식할 필요가 있다. '가뭄이 들면 지류부터 먼저 마른다.'는 사실을 잊어서는 안 된다. 그리고 지금까지 호환성이 약한 소프트웨어는 시장에서 선택받지 못하고 소멸됐음도 판단의 준거가 될 것으로 믿는다.

2. 테크놀로지 활용 정책

1) 인공지능을 활용하기 위해 코딩교육을 강화한다

4차 산업혁명 시대를 대비하여 테크놀로지를 좀 더 적극적으로 교육에 활용하는 방향으로 나아가야 한다. 이 과정에서 학생이 이용할 수 있는 로봇, 빅 데이터, 사물인터넷, 3D 프린터 등은 교육과 학습을 도와주는 역할을 수행하게 될 것이다. 학생들은 이들에게 과업을 지시할 수 있는 코딩 능력이 있어야 한다. 그러므로 미래교육에서 코딩교육은 사람 간 의사소통의 도구인 언어교육과 마찬가지로 중요하다. 기계와 의사를 소통할 수 있도록 하는 코딩교육은 3R읽기, 쓰기, 셈하기과 같이 가장 기본적인 교육 내용이 되어야 한다.

영국은 2014년부터, 미국은 2015년부터 초·중·고등학교에서 코딩교육을 의무적으로 가르치도록 하였다. 많은 선진국들이 비슷한 정책을 도입한 것은 바로 이러한 국제 추세를 반영한 것이다. 우리나라가 2018년부터 초등학교에서 17시간, 중학교에서 34시간, 고등학교는 선택으로 가르치도록 한 것은 시대 흐름에 많이 뒤떨어진 것이다. 고등학교에서도 의무적으로 가르치도록 하는 정책이 하루 빨리 도입되어야 한다. 그리고 교육시간도 초·중·고등학교의 전 학년에서 최소한 일주일에 1시간은 가르쳐야 한다. 그렇게 하기 위해 초등학교의 실과 과목과 중·고등학교 기술, 정보

과목의 커리큘럼이 코딩교육 중심으로 대폭 개편되어야 한다. 초등학교의 산수과목은 컴퓨팅적 사고computational thinking를 교과과정에 넣어 가르쳐야 한다.

2) 학교의 테크놀로지 환경을 최대한 개선한다

제1장에서 우리 사회의 주요 당면 과제를 다루는 중 테크놀로지 활용 능력의 부족에 대해 언급하였다. 흔히 우리나라를 정보통신기술ICT 분야의 강국으로 알고 있지만 실제 학교의 교육환경은 OECD 평균에 미치지 못함을 밝혔다. 현재 학교의 ICT 분야의 하드웨어와 소프트웨어 수준은 한 마디로 매우 열악한 수준이다. 초기에 비교적 일찍 컴퓨터가 학교에 보급되었지만 계속해서 교체해 주지 못해 낡은 사양의 오래된 컴퓨터는 쓸모가 없게 되었다.

무선 랜와이파이이 안 되는 것은 보통이고, 학생들이 쓸 수 있는 컴퓨터 계정도 없고, 학생이 만든 영상물을 저장할 수 있는 인터넷 공간도 없다. 온라인 화상수업을 할 수 있는 시설은 아예 기대하기 어렵다. 학생이 쓸 수 있는 소프트웨어는 아예 없다시피 하다. 학습자 중심의 플랫폼Learning Management System도 없다. 학교에서 스마트폰을 쓰지 못하게 하니, 무엇으로 정보를 검색하고 학습할 수 있을지 알 수 없다.

설상가상으로, 교사들의 ICT 활용에 대한 부정적인 이해가 긍정적인 이해보다 더 많은 정도이다. 교사가 ICT를 활용할 줄 모르면 학생도 몰라도 되는지 반문하고 싶다. 초기에는 교사 연수도 많이 했지만 최근에는 그런 연수가 많지 않아 연령이 높은 교사가 배울 수 있는 기회가 거의 없다. 정부는 무엇을 하기 위해 있는지, 문제를 그렇게 방치해도 되는지 궁금할 정도이다.

그동안 정치권은 표를 얻기 위해 무상급식에 모든 재정을 투입하였다. ICT 시설과 장비가 노후화되고, 학생의 안전을 위협하는 학교시설의 노후화에도 불구하고 예산 배정을 하지 못했다. 비록 늦긴 했지만 신선놀음에 도끼자루 썩는 줄 모르는 어리석음을 바로 잡아야 한다. 정부는 다시 마스터플랜을 만들어 새롭게 정보통신기술 교육환경 개선에 나서고 국회는 이를 뒷받침해야 한다.

3. 교사의 전문성 강화 정책: 교사의 전문성을 강화하기 위해 교육전문대학원을 설치한다

현재 교육대학교를 졸업하면 초등학교 교사 자격증이 주어지고, 사범대학, 일반대학의 교직과정이나 교육대학원에서 중등 교사 자격을 주고 있다. 이들 중에서 교육대학원의 교원 임용율은 사범대학과 교직과정 이수자의 임용율과 비교하면 10% 정도에 머물고 있다. 그러므로 대부분의 초·중등학교 초임 교사는 4년제 학부교육을 받은 학생들이다. 최근 학부 교육은 전문성을 길러 주는 교육이라기보다 그야말로 기초교양교육 정도에 해당하며, 대부분의 전문교육은 대학원에서 이루어진다.

시대가 발전하고 있는데 교사 양성을 위한 교육은 수십 년 전과 같다. 발전하고 있는 시대에 걸맞은 교육을 학부 수준에서 하는 것은 어렵다고 볼 수 있다. 그동안 의학전문대학원, 법학전문대학원 등과 같이 전문가를 양성하는 고등교육기관이 대학원 수준으로 변하고 있다. 약사, 건축사 등도 석사 수준의 교육과 훈련을 받아야 한다. 최근 국제사회의 새로운 추세는 교사를 의사와 같이 전문성을 갖출 수 있도록 양성하는 방향으로 나아가고 있다. 교사와 같은 매우 중요한 전문가를 양성하기 위해 전문대학원 체제가 필요하다. 이것은 정부가 해야 할 일 중에 우선순위가 높은 일이므로 계획을 세워서 바로 추진해야 한다.

4. 영유아 보육과 교육 강화 정책: 바우처로 영유아 보육과 교육을 강화한다

제1장에서 우리 사회의 주요 문제의 하나로 저출산과 사회 양극화 문제를 언급하였다. 동시에 저출산과 사회 양극화의 문제를 해결할 수 있는 가장 좋은 방법은 영유아 시기에 조기 투자하는 것임을 언급하였다. 그러나 현재 유보 통합의 방법을 두고 교육부와 보건복지부 간에 의견이 모아지지 않고 있다. 영유아의 보육을 위해 어린이집을 담당하고 있는 보건복지부와 교육을 위해 유치원을 담당하고 있는 교육부 사이에 유보 통합의 필요성은 인정하지만 서로의 영역이 줄어드는 것은 원하지 않기 때문이다. 소위 정부 부처 간 밥그릇 싸움이라고 할 수 있다.

이를 해결할 수 있는 가장 좋은 방법은 바우처Voucher 제도를 도입하는 것이다. 양육을 책임지고 있는 부모에게 바우처를 주면 된다. 어차피 국민이 낸 세금을 국민에게 돌려주는 것이다. 부모가 어린이를 어린이집에 보내든, 유치원에 보내든, 학원에 보내든, 집에서 학습지 출장 서비스를 받든, 직접 가르치던 결정해서 할 일이다. 정부 부처 간에 얼굴 붉힐 일도 없고, 시간 낭비할 일도 없다. 양육과 교육을 하는 영유아 기관은 더 좋은 환경에서 더 좋은 서비스를 하기 위해 서로 경쟁할 것이다. 정부는 부처 간 논쟁에 아까운 시간을 낭비하지 말고 바우처 제도를 도입하여 문제를 해결하기 바란다.

5. 통일 후 남북한 교육통합 정책: 통일 후의 남북한 교육통합 과정을 준비한다

우리가 통일을 이야기할 때는 자연스럽게 자유민주주의 체제로 통일하는 것을 의미한다. 통일 후 남북한 교육통합을 하는 과정에서 독일의 경우를 참고할 필요가 있다. 필자는 1990년 10월 3일 동독과 서독이 통일되고 3개월 후인 1991년 1월에 독일을 방문한 일이 있었다. 이때 동독 치하에 있었던 동베를린의 교육청을 방문한 적이 있는데, 서독에서 장학관을 하던 사람이 동베를린의 교육책임자로 와 있었다.

서독 출신 교육장은 동독의 대학교수 중 자연, 이공계열 교수들의 협조를 받아 새로운 교육시스템을 만들어 가고 있었다. 동독 출신 교수들 중 인문사회 계열 교수들은 공산주의 사상에 물들어 있었기 때문에 모두 해직되었다. 교육장과 동독 교수들과 미팅을 한 적이 있는데 서독 출신 교육장은 마치 점령군 사령관과 같이 당당했다. 동독 출신 교수들은 주눅이 들어 말도 제대로 하지 못하는 모습을 보고, 어느 정도 예상한 일이긴 하지만 심한 충격을 받았다.

통일 전 서독은 경제 부문은 서독식 자본주의 체제로 통일하는 것을 당연하고 자연스러운 것으로 생각하였다. 하지만 교육부문은 자본주의의 물질만능적인 사고에 물들지 않은 공산주의나 사회주의 교육에서 좋은 면을 발견할 수 있지 않을까 하고 약간의 기대를 했었다. 그러나 통일 후 동독에서 교육받은 청소년들이 정직하지 못한 것을 보고 난 뒤, 동독 교육을 완전히 버리고 서독 식으로 바꾸었다. 통일 독일은 정직한 인간을 길러 내지 못하는 동독 교육은 더 이상 가치가 없는 것으로 판단하였다.

동독의 공산주의체제 아래에서 자란 청소년들은 다른 사람의 눈치를 보고, 서로 속이고, 자신의 생각을 정직하게 표현하지 못하는 행동을 보였다. 공산주의나 사회주의가 지향하는 '모든 사람을 동등하게 잘 살게 한다.'는 이상은 단순한 이상일 뿐이고, 현실은 그렇지 않음을 알게 된 것이다.

우리 사회의 일부에서 연방제에 의한 남북 통일안이 나오고 있다. 그러나 낮은 단계든, 높은 단계든 이데올로기가 서로 다른 국가연합이나 연방 국가는 내전의 혼란 속에 있음을 기억해야 한다. 이데올로기가 서로 다른 북예멘과 남예멘이 1990년 5월 통일되었지만, 30여 년이 지난 지금 남예멘의 독립운동과 내전으로 파국을 맞고 있는 사실을 가볍게 생각하지 말아야 한다. 이데올로기가 서로 다르면 국가 연합이나 연방 국가를 이룰 수가 없음을 분명히 명심해야 한다. 정부는 통일 후 남북한 교육통합 과정에서 우리가 지향하는 자유민주주의와 시장경제 가치에 맞게 준비해 나가야 한다.

이상 미래교육을 위한 정책 제안은 대부분 이미 많은 검토를 거친 정책들이다. 영유아 보육을 위한 바우처는 일부 시행되고 있다. 우리 사회는 정부와 교육청이 계획하고 통제하고 간섭하는 개발도상국 시절을 넘어서야 한다. 우리의 미래교육은 선진국과 같이 모든 학교와 대학이 자율과 개방의 방향으로 나아가도록 해야 한다. 학교 하나하나가 가장 좋은 교육을 하기 위해 자율적으로 계획을 만들고 실천해 나가야 한다. 이 과정에서 수업을 오롯이 책임지고 있는 교사의 역할이 가장 중요하다. 교사 한 명 한 명이 좋은 수업을 하기 위해 고민하고 노력하면 우리 교육은 반드시 좋아진다.

에필로그

우리나라를 취재하는 외국인 기자들은 대체로 '한국은 언제 어떤 일이 일어날지 모를 정도로 사건·사고가 많아서 그만큼 취재할 소재가 풍부해서 좋다'는 이야기를 많이 한다. 기자 입장에서는 아무 일도 일어나지 않아서 취재할 소재를 찾기 힘든 안정된 사회보다 좋게 느껴질 것이다. 한국 사회 역시 스스로도 정신을 못 차릴 정도로 많은 일이 일어나기 때문에 '역동적인 한국Dynamic Korea'을 관광 슬로건으로 사용할 정도이다.

한국에서 오랫동안 기자 생활을 하고 떠나는 외국인 기자에게 한국 사회에 대해 어떻게 느끼는지를 물어본 이야기가 시중에 회자되고 있어 옮겨 본다. 여기에는 한국인의 장점과 관련된 이야기도 많지만 특별히 고쳤으면 좋겠다고 생각하는 단점에 대한 이야기에 주목할 필요가 있다. 물론 한 외국인의 개인적인 생각으로 치부할 수도 있지만, 우리의 단점을 잘 지적하고 있고 두고두고 머릿속에 맴돌 만한 이야기라 소개한다.

첫째, 한국인은 미래지향적이지 않고 과거지향적이다. 남자들은 모이면 군대 이야기, 지나간 정치 사건 이야기, 과거의 동창 이야기를 주로 하고, 앞으로의 설계와 계획에 대한 이야기는 하지 않는다는 것이다.

둘째, 한국인은 핑계를 너무 내세운다. 무엇이 잘못되었을 때 솔직한 자기반성과 실패에 대한 인정이 없이 윗사람 혹은 아랫사람에게 핑계를 대거나 형편이 그럴 수밖에 없었다는 핑계 대기를 잘한다.

셋째, 한국인은 인간관계에서 질 줄을 모른다. 타협을 모르고 양보를 패배로 생각하며 쉽게 흑백논리에 빠진다. 이는 어릴 때 가정에서 친구에게 지지 말라는 교육을 단단히 받으면서 자라기 때문일 수도 있다.

넷째, 한국인은 심지 않고 거두려는 공짜 심리가 강하다. 어린 시절 듣고 자란 말 중에 "한국인은 공짜라면 양잿물도 마신다"는 말이 기억난다.

필자는 이 중에서 평소의 생활에서도 쉽게 느낄 수 있는 첫 번째 단점에 주목하고자 한다. 친구들과 만나서 누군가 미래 이야기를 하면 갑자기 분위기가 썰렁해지고, 자기자랑이나 과시로 오해를 받는다. 또 동석한 친구들이 웅성웅성하면서 이야기에 관심을 가지지 않기 때문에 미래지향적으로 무얼 같이 생각해 보자는 이야기를 계속하기 어렵다. 그냥 우스갯말이나 해야 분위기가 화기애애해지고 동료애가 느껴진다.

이를 잘 반영하는 것이 TV 프로그램이다. 진지한 이야기를 하면 시청률이 떨어지기 때문에 열세 살 어린이가 이해할 수 있는 수준으로 프로그램을 만든다는 이야기도 있다. 하지만 미래를 생각하고 서로 이야기하지 않으면서 미래를 잘 살아갈 수 있는 방법은 없다. 특히 교육은 미래지향적인 성격을 가지므로 미래세대를 위해 우리는 미래교육을 이야기하지 않을 수 없다.

미래교육은 미래세대에게 바른 마음과 창조적인 사고 능력을 길러 주어야 한다. 사회정서학습을 통해 바른 마음을 길러 주고 다양한 사람과 더불어 살 수 있는 인성을 길러 주는 것이 중요하다. 좋은 인성은 개인의 행복과 성공은 물론 건강한 사회를 위해 필수적이다. 지금까지 정부가 주도해 온 하향식 교육개혁은 대부분 성공하지 못했다. 앞으로 학교 내부로부터 교사가 중심이 되어 수업을 크게 바꾸는 학습혁명이 있어야 하는 이유이다.

감히 혁명이라는 용어를 사용하는 이유는 그동안 시험 중심으로 이루어지던 표층학습을 새로운 산출물을 생산할 수 있는 심층학습으로 바꾸어야 하기 때문이다. 마치 태풍이 불어 혼탁한 대기를 뒤집어 놓지 않으면 깨끗한 공기를 유지할 수 없는 것에 비유할 수 있다. 교육계도 아래와 위가 뒤바뀌는 큰 변화가 있어야 비로소 전통적으로 오랜 기간 해 오던 강의식 수업을 대체하는, 심층학습이 가능한 수업을 할 수 있을 것으로 믿기 때문이다.

홍콩은 2000년 교육개혁을 위해 '삶을 위한, 삶을 통한 학습 Learning for Life, Learning through Life'을 비전으로 내세웠다. 단순히 시험을 준비하기 위한 학습이 아니라 생활 그 자체를 학습화하려는 노력을 하고 있다. 학습 개념에 대한 발상의 대전환을 시도하고 있다. 학습은 생활을 지향하고, 생활은 학습을 지향하는 비전을 추진하고 있다.

교육을 바꾸기 위해서는 가장 먼저 수업을 바꾸어야 한다. 즉,

전통적인 인지 능력과 미래교육이 지향하는 비인지 능력을 동시에 길러 줄 수 있는 심층학습이 가능한 수업을 해야 한다. 심층학습을 할 수 있는 수업은 학생이 학습의 주체가 되어야 가능하다. 따라서 교사가 중심이 되는 강의식 수업을 바꾸고 학생이 스스로 느끼고 생각하고 행동하는 심층학습이 가능한 수업 방식을 도입해야 한다.

현재까지 새롭게 시도하여 효과를 보고 있는, 심층학습이 가능한 수업 방식은 다음과 같다.

첫째, 거꾸로학습은 학생이 학습의 주체가 되는 수업 방식이다.

둘째, 온라인학습은 테크놀로지의 발달과 더불어 자연스럽게 우리 생활 속으로 들어오고 있는 수업 방식으로, 이것을 활용하는 것도 매우 중요하다.

셋째, 하브루타학습은 학생을 생각하게 하고 깊이 이해하게 하는 효과가 검증된 수업 방식이다.

넷째, 프로젝트학습은 친구들과 협력하여 새로운 산출물을 생산하는 경험을 하도록 함으로써 인성과 창의성 개발에 좋은 수업 방식이다.

이러한 수업 방식을 잘 습득하여 조직화하고 이를 통합적으로 적용하면 바람직한 하나의 수업 방식이 된다. 이미 세계적인 비영리 교육 서비스기관인 칸 아카데미를 만든 살만 칸Salman Khan이 온오프라인 교육을 통해 이를 증명해 보이고 있다. 여기에 교사가 모든 학생의 성장을 믿는 성장형 마인드세트로 무장하면 정말 좋은 수업을 할 수 있다. 이것을 감히 '학습혁명'이라고 한 것은 혁명하는 마음으로 하지 않으면 이룰 수 없을 정도로 힘들고 어려운 일이기 때문이다.

교육개혁은 정부의 정책으로 할 수 있는 일도 아니고, 교육청의 계획으로 되는 일도 아니다. 오로지 더 좋은 수업을 하려고 하는 마음과 생각을 가진 교사에 달려 있다. 현재 수업은 100% 오롯이 교사의 몫이다. 교장도, 학부모도, 교육청도, 정부도 교사의 수업을 간섭하지 않는다. 많은 교사가 수업을 공개하고 있으며, 공개하는 수업은 바꿀 준비가 된 수업이다. 교사는 학부모의 눈치를 보거나 교육청과 정부의 입장을 생각할 필요가 없다. 교사 자신의 교육관과 양심에 따라 학생에게 가장 좋은 수업을 하면 된다. 교사는 학생에게 좋은 수업을 할 때 가장 행복해진다.

교실은 교사만 볼 수 있는 비밀정원secret garden이 아니다. 프로젝트수업을 하고, 그 수업을 공개하여 교실이 누구나 즐길 수 있는 야외극장open theater과 같이 되면 좋겠다. 교사가 자신의 야외극장에 멋진 작품을 올리는 기획가designer이자 연출가director가 되면 얼마나 행복할까? 모든 학생이 주인공이 될 수 있는 작품을 기획한다면 더욱 좋다. 무궁한 가능성을 가진 학생들을 위한 수업 디자이너로서의 교사, 행복하지 않을 수 없다.

참고문헌

공자(2017). 논어(論語). 김원중 역. 서울: 휴머니스트. (원저 출판년도 미상).

김구(2005). 백범일지. 도진순 편. 서울: 돌베개.

김태완(2011). 한국의 사회적 과제와 창의적인 글로벌 인재양성. 한국교육
개발원 편, 한국교육 미래 비전. 서울: 학지사.

김태완(2013). 글로벌시대의 교육. 서울: 학지사.

김태완(2014). 교육복지와 교육투자정책. 한국교육개발원 편, 제67차 KEDI
교육정책포럼: 초·중등교육의 발전 과제. 서울: 한국교육개발원.

김태완(2015). 미래학교 도입을 위한 기본설계 구상. 서울: 한국교육개발원.

김태완(2016a). 미래사회의 변화와 교육의 방향. 한국교육개발원 편, 제95차
KEDI 교육정책포럼: 미래사회 전망과 교육 구상. 서울: 한국교육개발원.

김태완(2016b). 한국교육의 개혁을 위한 미래 구상. 박세일, 이주호, 김태완
편, 한국교육의 미래전략. 서울: 한반도선진화재단.

김현섭(2016). 수업성장. 경기: 수업디자인연구소.

나관중(2003). 삼국지연의(三國志演義). 김구용 역. 서울: 솔출판사. (원저 출
판년도 미상).

류성창(2012). 역량기반 교육과정의 근거로서 인지 및 비인지 역량의 관계.
교육과정연구, 30(3), 51-69.

이승휴(1999). 제왕운기(帝王韻紀). 김경수 역주. 서울: 역락. (원저는 1287년
에 출판).

일연(2008). 삼국유사(三國遺事). 김원중 역. 서울: 민음사. (원저는 1281년에
출판).

조선일보(2017. 01. 17.). 유대인式 질문과 토론… 잠자던 교실이 깨어
났다. http://news.chosun.com/site/data/html_dir/2017/01/17/

2017011700290.html

주희(2008). 역주 고문효경(孝經集覽: 古文孝經). 김덕균 역주. 서울: 문사 철.(원저 출판년도 미상).

한국교육개발원(2011). 한국교육 미래 비전. 서울: 학지사.

Aristotle. (1999). *Nicomachean Ethics*, T. Irwin (trans.). Indianapolis, IN: Hackett.

Autor, D.(2015. 02. 25.). Be calm, robots aren't about to take your job, MIT Economist says, The Wall Street Journal. http://economistsview. typepad.com/economistsview/2015/02/robots-arent-about-to-take-your-job.html

Benedict, R. (2008). 국화와 칼: 일본 문화의 틀(5판)[*The chrysanthemum and the sword: Patterns of Japanese culture*], 김윤식, 오인석 역. 서울: 을유문화사. (원저는 1946년에 출판).

Bennett, N., & Lemoine, G. J. (2014). What VUCA really means for you. *Harvard Business Review*, *92*(Jan-Feb), 27.

Bergmann, J., & Sams, A. (2012). *Flip your classroom: Talk to every student in every class every day*. Washington, DC: International Society for Technology in Education.

Buck, P. S. (2017). 대지[*The good earth*]. 홍사중 역. 서울: 동서문화사. (원 저는 1931년에 출판)

Dewey, J. (1916). *Democracy and education: An introduction to the philosophy of education* (1966 ed.). New York: Free Press.

Doyle, O., Harmon, C. P., Heckman, J. J., & Tremblay, R. E. (2009). Investing in early human development: Timing and economic efficiency. *Economy and Human Biology*, *7*(1), 1-6.

Dweck, C. S. (2011). 성공의 새로운 심리학[*Mindset: The new psychology of success*]. 정명진 역. 서울: 부글북스. (원저는 2006년에 출판).

Envisioning Technology Research Foundation. (2012). Envisioning the Future of Educational Technology. http://ja-ye.atom2.cz/media/ File/1402/File105.pdf

Financial Times. (2017. 01. 17.). Unequal distribution: the gap between the haves and have-nots. The World 2017, FT Special Report.

Freire, P. (2009). 페다고지[*Pedagogy of the Oppressed*]. 남경태 역. 서울: 그린비. (원저는 1968년에 출판).

Fullan, M., & Langworthy, M. (2014). *A rich seam: How new pedagogies find deep learning*. London: Pearson.

Gingrich, N. (2002). Vision for the converging technologies. In M. C. Roco & W. S. Bainbridge (Eds.), *Converging technologies for improving human performance. Dordrecht*, Netherlands: Kluwer.

Haidt, J. (2014). 바른 마음: 나의 옳음과 그들의 옳음은 왜 다른가?[*The righteous mind: Why good people are divided by politics and religion*]. 왕수민 역. 서울: 웅진지식하우스. (원저는 2012년에 출판).

Institute for Comparative Survey Research (ICSR). (2015). World Values Survey (WVS). http://www.worldvaluessurvey.org

International Association for the Evaluation of Educational Achievement (IEA). (2014). *International Computer and Information Literacy Study (ICILS)*. Netherlands: IEA Secretariat.

Ipsos MORI. (2017. 09.). What worries the world? September 2017. Ipsos MORI Game Changers.

Kelly, K. (2007). The Next 5,000 Days of the Web. Retrieved from http://www.ted.com/talks/kevin_kelly_on_the_next_5_000_ days_of_the_ web

Kelly, K. (2016). *The inevitable: Understanding the 12 technological forces that will shape our future*. New York: Viking Press.

Lage, M., Platt, G., & Treglia, M. (2000). Inverting the classroom: A gateway to creating an inclusive learning environment. *Journal of Economic Education, 31*(1), 30-43.

Leslie, A. M., & Suzanne, R. K. (2007). *Aging, Society, and the Life Course* (3rd ed.). New York: Springer.

Marsh, H. W., Hau, K. T., Artelt, C., Baumert, J. & Peschar, J. L. (2006). OECD's Brief Self-Report Measure of Educational Psychology's

Most Useful Affective Constructs: Cross-Cultural, Psychometric Comparisions Across 25 Countries, *International Journal of Testing, Vol. 6*, Issue 4, 311-360.

Mazur, E. (1997). *Peer instruction: A user's manual series in educational innovation.* Upper Saddle River, NJ: Prentice Hall.

National Center on Education and the Economy(NCEE). (2007). Tough Choices or Tough Times. The Report of the New Commission on the Skills of the American Workforce.

Organization for Economic Cooperation and Development (OECD). (2003). Definition and selection of competencies: Theoretical and conceptual foundations (DeSeCo): Summary of the final report. Retrieved from http://www.oecd.org/education/skills-beyond-school/definitionandselectionofcompetenciesdeseco.htm

Organization for Economic Cooperation and Development (OECD). (2011). Students' Familiarity with Information and Communication Technologies. *PISA 2009 Results: Students On Line, Vol. VI* (pp. 143-175). Paris: OECD.

Organization for Economic Cooperation and Development (OECD). (2013). *The survey of adult skills.* Paris: OECD.

Organization for Economic Cooperation and Development (OECD). (2016). *Society at a Glance 2016.* Paris: OECD.

Pastreich, E. (2013). 한국인만 모르는 다른 대한민국: 하버드대 박사가 본 한국의 가능성. 서울: 21세기북스.

Plato (2007). Knowing how to rule and be ruled as justice demands. In R. Curren (Ed.). *Philosophy of education: An anthology.* New York: Blackwell Publishing.

Rifkin J. (2015). *The zero marginal cost society: The internet of things, the collaborative commons, and the eclipse of capitalism.* New York: Palgrave Macmillan.

Riley, M. W., & Riley, J. (1994). Age integration and the lives of older people. *The Gerontologist, 34*, 110-115.

Rosenberg, T. (2013. 10. 13.). Turning education upside down. *The New York Times*. Retrieved from http://opinionator.blogs.nytimes.com/2013/10/09/turning-education-upside-down

Sandel, M. J. (2010). 정의란 무엇인가?[*Justice: What's the right thing to do*] 이창신 역. 서울: 김영사. (원저는 2009년에 출판).

Schweinhart, L. J., Montie, J., Xiang, Z., Barnett, W. S., Belfield, C. R., & Nores, M. (2005). *Lifetime effects: The High/Scope Perry Preschool study through age 40*. Ypsilanti, MI: High/Scope Press.

The Economist Intelligence Unit. (2012). The Learning Curves: Education and skills for life, Retrieved from http://thelearningcurve.pearson.com/reports/the-learning-curve-report-2012

The Economist Intelligence Unit. (2014). The Learning Curves: Education and skills for life, Retrieved from http://thelearningcurve.pearson.com/reports/the-learning-curve-report-2014

Tough, P. (2012). *How children succeed: Grit, curiosity, and the hidden power of character.* New York: Houghton Mifflin Harcourt.

Trilling, B., & Fadel, C. (2012). 21세기 핵심역량: 이 시대가 요구하는 핵심스킬 [*21st Century Skills: Learning for Life in our Times*]. 한국교육개발원 역. 서울: 학지사. (원저는 2010년에 출판).

United Nations Educational, Scientific and Cultural Organization (UNESCO). (2015). *World education forum 2015: Final report.* Senegal: Author.

Weber, M. (2010). 프로테스탄티즘의 윤리와 자본주의 정신[*Protestantische Ethik und der Geist des Kapitalismus*]. 박성수 역. 서울: 문예출판사. (원저는 1905년에 출판).

Wilkins, J. L. M. (2004). Mathematics and Science Self-Concept: An International Investigation, *The Journal of Experimental Education, Vol. 72*, Issue 4. 331-346.

World Bank. (2012). *World Bank Education Strategy 2020.* Washington, DC: World Bank Group.

World Economic Forum. (2016). The future of jobs: Employment, skills and workforce strategy for the fourth industrial revolution. Geneva. http://reports.weforum.org/future-of-jobs-2016/

Zhao, Y. (2012). *World Class Learners: Educating Creative and Entrepreneurial Students*. Thousand Oaks, CA: Corwin.

https://www.ipsos.com/sites/default/files/ct/news/documents/2017-10/Great%20Britain-What%20worries%20the%2

「No Child Left Behind Act」 (Public Law 107-110, 2001)
「Every Student Succeeds Act」 (Public Law 114-95, 2015)

미국 앵커리지 학교구 http://www.asdk12.org
베이시스교육네트워크 http://www.basised.com
통계청 국가통계포털(KOSIS) http://kosis.kr

찾아보기

인명

내용

▦ 저자 소개

김태완(金兌完, Kim Tae-wan)

현재 사단법인 한국미래교육연구원장 겸 이사장으로 재직 중이다. 학습혁명포럼의 회장과 한반도선진화재단의 정책위원을 맡고 있다. 서울대학교와 동 대학원에서 교육학을 전공하였으며, 미국 미시간 대학교(Ann Arbor)에서 교육행정학 전공으로 철학박사 학위를 받았다. 계명대학교 교수를 역임하여 정년퇴직하였고, 공군대학의 교관, 유네스코청년원의 지도교수를 역임하였다. 한국교육개발원의 책임연구원으로서 '지방교육자치'와 '남북한교육통합'에 대한 연구를 진행하였다.

컬럼비아 대학교의 연구 교수를 비롯하여 한국교육정책학회장, 한국교육재정경제학회장, 대통령자문 교육개혁위원회 전문위원, 계명대학교 교무처장과 대구광역시 교육발전협의회 위원장, 교육과학기술부 대학선진화위원회 위원장, 사단법인 교육과학강국실천연합회 상임대표, 대통령직속 사회통합위원회 시간강사대책 특별위원회와 교육기회 균등제공 특별위원회의 공동위원장을 역임하였다.

최근까지 한국교육개발원장으로 봉사하였고, 유네스코한국위원회 위원, OECD 교육혁신연구소 집행이사, 교육과정재설계연구소(Center for Curriculum Redesign) 이사, 한·중·일 고등교육교류전문가위원회 위원, 국무총리실 교육개혁협의회 위원 등으로 활동하였으며, 교육부 지방교육재정 혁신추진단장과 대통령자문 학교폭력대책위원회에서 국무총리와 공동위원장을 역임하였다. 저서로는 『교육재정론』(공저, 하우, 1995), 『국제교육행정론』(공저, 하우동설, 2006), 『글로벌시대의 교육』(학지사, 2013), 『한국교육의 미래전략』(공저, 한반도선진화재단, 2016) 등이 있으며, 이 밖에 다수의 논문이 있다.

미래교육의 비전과 전략
New Vision and Strategies for the Future Education
- 수업이 바뀌면 교육이 바뀐다 -

2018년 1월 30일 1판 1쇄 발행
2018년 7월 20일 1판 2쇄 발행

지은이 • 김태완
펴낸이 • 김진환
펴낸곳 • ㈜ 학지사
　　　　　04031 서울특별시 마포구 양화로 15길 20 마인드월드빌딩
대표전화 • 02)330-5114　　　팩스 • 02)324-2345
등록번호 • 제313-2006-000265호

홈페이지 • http://www.hakjisa.co.kr
페이스북 • https://www.facebook.com/hakjisabook

ISBN 978-89-997-1447-4 93370

정가 13,000원

이 도서의 국립중앙도서관 출판시도서목록(CIP)은 서지정보유통지
원시스템 홈페이지(http://seoji.nl.go.kr)와 국가자료공동목록시스템
(http://www.nl.go.kr/kolisnet)에서 이용하실 수 있습니다.
(CIP 제어번호: CIP2018000419)

교육문화출판미디어그룹 학지사

심리검사연구소 **인싸이트** www.inpsyt.co.kr
원격교육연수원 **카운피아** www.counpia.com
학술논문서비스 **뉴논문** www.newnonmun.com
간호보건의학출판 **정담미디어** www.jdmpub.com